人人可做带货主播

张奔◎著

直播时代下的营销突围

中国商业出版社

图书在版编目（CIP）数据

人人可做带货主播：直播时代下的营销突围 / 张奔著. -- 北京： 中国商业出版社，2021.1

ISBN 978-7-5208-1543-7

Ⅰ. ①人… Ⅱ. ①张… Ⅲ. ①网络营销 Ⅳ. ① F713.365.2

中国版本图书馆 CIP 数据核字（2020）第 262747 号

责任编辑：侯 静 杜 辉

中国商业出版社出版发行

010-63180647 www.c-cbook.com

（100053 北京广安门内报国寺 1 号）

新华书店经销

三河市国新印装有限公司印刷

*

710 毫米 ×1000 毫米 16 开 14.75 印张 195 千字

2021 年 1 月第 1 版 2021 年 1 月第 1 次印刷

定价：68.00 元

* * * *

前言

自进入2020年以来，直播行业迎来了新的发展机遇期，直播带货已经成为一种重要的产品售卖方式，并且变成企业转型的重要途径和有力抓手。中国互联网络信息中心（CNNIC）于2020年4月28日发布的第45次《中国互联网络发展状况统计报告》数据显示，截至2020年3月，我国网络直播用户规模达5.60亿，占网民整体的62.0%。基于对新时代背景和行业局面的认知，直播带货业内人士普遍认为，2020年是中国“直播元年”。

在低成本流量时代下，信息的传播形式在不断地迭代升级，从1G时的电话、2G时代的短信、3G时代的图文，到现在4G时代的视频，再到正在兴起的5G手机及5G基础设施的建设和普及、AR/VR技术的发展，这些新的通信技术在深刻地改变着人们获取信息的方式、渠道和习惯的同时，也在广泛地影响着各行各业的发展。信息传递的内容不仅是文本描述，而是所有可以传递的信息。尤其是随着短视频和直播产品的推出，C端消费能力的提升为直播带货行业带来了新的增长动力。借助强关联性的社交模式，直播带货的渠道下沉在一定程度上激活了C端用户的消费需求，加上商品本身的优质优价，使得直播带货在很短的时间内取得了突飞猛进的快速发展。

直播带货的下沉过程，不仅是商品自上而下的销售过程，也是商品自下而上的需求过程。而这个过程的关键环节就是直播间的主播。广大主播不仅是企业品牌及其商品导购，也是用户获得心仪产品的买手。主播通过与企业的相互连接以及与用户的相互连接，在直播间一方天地成功实现了商品销售与品牌传播。

事实上，真正成功的带货并非说说这么简单，主播要想在直播间让产品真正触达用户，这里面的学问很大。因此，本书分析了直播带货的行业现状与趋势，展现了直播带货给用户带来的消费体验优势，并重点围绕“主播”这个核心点，展开讨论了与主播密切相关的带货模式、平台玩法、影响因素、能力打造、心态修炼、内容输出、开播准备、引流方式、爆款打造、转化策略等。

注重实操是本书的一大特色，比如在淘宝、抖音、快手、拼多多等直播平台如何入驻及依规操作实施办法，在内容、选品、运营等方面的具体方式与方法，在思想准备、平台准备、硬件准备、脚本准备和人员准备等方面的具体内容和流程，在低价位引流、官方直播推广引流、用户帮忙引流、向大主播“借”流量、账号矩阵引流、平台资源位引流的方法和技巧等。

具有开阔的视野是本书的另一特色。书中将实操的方法、技巧等置于行业背景之下，可以帮助从业者放眼宏观、把握微观，在实践中真正取得实际成效。同时，书中还运用心理学、经济学、逻辑学以及博弈论的知识对一些现象和操作手法进行了解读，在简单阐释原理的基础上重在实操指导。此外，由于处于风口的直播带货目前尚存在一些不规范的地方，所以本书也提醒读者朋友警惕那些无底线无下限的无良主播的贩卖、兜售行为，远离这些套路和手段。

伴随着5G、AR/VR等新技术的发展，以及新的消费模式的兴起，相信直播带货从业者在这一既接触到品牌方又离用户很近的行业中能够取得佳绩，从而为疫情下的复产复工、为行业的健康发展，也为自己赢得美好的未来。

目 录

第01章

高光时刻：直播带货已成转型升级新风口

当下，从李佳琦、薇娅等头部网红开启直播专场，再到董明珠、李彦宏等企业家亲自上阵“试水”，直播带货行业一时间热闹非凡。值得称道的是，这种乘势而上、化危为机的方式，既可以扩大销售，稳定信心，也可以准确吸引买家，实现线上线下有效联动。全新的直播带货已经成为转型升级新风口。

1. 直播带货行业火爆，头部主播收入惊人

2020 年，“宅经济”迅速引爆各行业，并带动传统业务从线下走向线上，直播带货方兴未艾。而随着直播带货的火爆，直播行业的各位主播也自然加入其中且收入惊人。

（1）直播带货火爆，已成转型升级新风口

根据艾媒咨询报告，2019 年，中国直播电子商务产业总规模达到 4338 亿元；2020 年，约 25% 的直播带货用户每天观看直播，约 46% 的用户每周观看直播带货，中国在线直播用户规模将达到 5.24 亿，市场规模将超过 9000 亿元。作为 2019 年最热门的新商业模式之一，直播带货在 2020 年防疫期间迎来了新的发展高潮。

在直播带货产品中，食品、女装、化妆品、生活用品、男装的出镜率最高，这就不难解释零食和化妆品个股屡创新高的原因了。事实上，商品的品类千千万万，很多细分领域都有热爱者和专业者，如果能有更适合的表达、沟通、交流，那么直播带货就能成为实实在在的风口。

为什么整个行业都在追逐这个风口？

首先，直播带货是最直接的变现方式。我们常说“流量为王，得流量者得天下”。对于互联网经济来说，流量意味着用户和收益。所有互联网企业的最终目标必须是实现流量的变现，而最直接的变现方式就是销售商品。通过直播，不仅可以快速变现，还可以积累高黏度、高回购率的忠实用户。这种方式颠覆了传统的网络购物方式，将人们带入实时、体验、互

动的购物场景，增加了人们的购物体验，减少了商品的搜索过程，节省了用户的决策时间。

其次，直播带货构建了业务闭环，促进了平台内容生态系统的发展。直播没有技术壁垒，任何产品都可以通过直播来销售，所以一些拥有大量活跃用户的平台也开始努力直播。其中一些只是在销售商品，而像抖音、快手等，则是为了搭建平台生态系统，并打造商业闭环。因为一个完整的业务闭环和可持续的内容生态系统有利于用户的存留，集中分散的流量，延长用户的使用时间。如果某个平台可以使用户在购物过程中边看短视频和直播边购物，那么用户就不会很麻烦地再切换到其他的平台了。

随着5G、AR/VR等技术的发展，未来直播体验将会越来越好。这是一个风口，只要能迅速站在风口上，连“猪”都能飞！

（2）头部主播的收入吸引人们的眼球

所谓头部主播，就是礼物收益高、用户金主多的主播（其次是腰部主播，再次是尾部主播）。各大平台头部主播的收入是非常高的。据媒体对2019年的统计，“淘宝主播”薇娅年收入约2.32亿元，“带货一哥”李佳琦年收入约1.26亿元……这些无疑深深吸引着人们的眼球。

薇娅的特点是再购买率高，步行能力强。2020年5月11日，她与上市公司梦洁股份有限公司签署合作协议，在翌日后的8天之内就连续拉出7个涨停板。5月21日创下每股10.12元的历史新高。此段时间梦洁股份在9个交易日内走出8个跌停，梦洁的市值也增加了44亿元。薇娅与梦洁合作的佣金率约为26.26%。从行业来看，知名主播的提成比例在20%~30%。薇娅对品牌和产品价格要求比较严格，据说她在大众商品类的回购率可以达到1∶10，这是不菲的成绩。值得一提的是，媒体报道说主播的佣金收入通常按1∶2∶7的比例分配给直播平台、直播机构、主播。由此来看，薇娅的实际佣金收入会少一些。

李佳琦于2020年1月5日在直播间内卖了300万元的金字火腿，并在第二天把金字火腿拉上了涨停板，一次直播直接为金字火腿带来了5.48亿元的市值增长。复工复产后，观看李佳琦首场直播的人数达到1482万人，预计销售额3136万余元。带货纪录不断被刷新，很多获得分红的“玩家”热度大增，并吸引了越来越多的平台和公司加入其中。

当然，除了薇娅和李佳琦，还有“田园牧歌”李子柒、“佛系少女”冯提莫等许多头部主播，她们的年收入据分析都已过亿元。这一方面表明越来越多的企业愿意为网红的带货能力买单，另一方面也说明用户的支付意识越来越成熟。

无论是头部主播还是腰部主播（礼物收益一般但比其他主播的礼物刷量要高的主播），人气越多，收入越高。人气怎么来？主播自身的带货能力是提高人气的关键。这在后面我们会讲到。

对于产品来说，直播是一种全新的沟通界面。其传播方式不再是自上而下的，也不是企业、品牌经过层层筛选的信息传播模式，而是能够更直接地与消费者实现对接，是一种未经修饰的、最原始的品牌展示。通过产品展示和新品发布等功能，就能让品牌用更平等的姿态跟消费者实现交流与互动。

无论是草根直播、网红直播，抑或是明星直播，直播营销都不能仅停留在营销层面，不能单纯地利用直播这个工具去做宣传，应该是一种品牌营销的全新存在方式。例如，通过直播，将优质内容展示给观众，吸引观众的注意力，继而改变现有的用户生活方式。

更加重要的是，原创、优质、专业的直播内容是品牌营销新的存在方式，还能为品牌呈现出更加专业的气质。

2. 从产地到用户，直播直接促成购买

直播带货的价值在于解放C端消费力，主播的内容就是围绕C端用户展开的。产品从产地直接到用户手里，这是由直播直接促成的交易。直播带货模式没有中间环节，可以快速直达，并且成本低，性价比最高，比如卖水果、卖海鲜等，模式玩法一看就明白。

（1）直播趋势逐渐靠近货品源头

自从淘宝内容生态资深总监闻仲于2018年“双十二”之后接受媒体采访时喊出三年5000亿元的目标后，包括低价秒杀在内的多种直播模式默契地保持着高速的自我迭代。人们发现，除李佳琦、薇娅之外，还有直播达人模式、店铺直播模式、产地直播模式等多元玩法。在电商直播近三年的发展过程中，有一个趋势从未发生改变，那就是逐渐靠近货品源头。

供应链是否完整是电商成败的关键因素之一，如果说网络红店改变了供应链，那么直播则在此基础上对供应链提出了更高的要求。许多直播间每天都上新，如时尚主播每天可以轮直播十几家供应链基地，这已非两周上新一次的网红店可比。这是直播主播和供应链共同成就的结果。

以谦寻为代表的新内容直播机构向我们提供了一个样本。先是薇娅从服装主播转型为全品类主播，在阿里滨江园区租一栋楼搭建供应链，邀请食品、美妆、生活用品等合作品牌入驻，签约主播，提供供应链服务，“人、货、场”悉数到齐。随后，整个产业链中诞生了更多的中小型服务商，他们为主播或企业提供供应链、商务、场地、设备、技能培训等业

务。在内容端，主播体系完善；在货端，有自主供应链、自主工厂、自造品牌，以及由此产生的自我生产补货、仓配销的能力；在场端，则实现了直播机构、网红机构、企业和供应链的“四合一”。

事实上，当每个环节走向成熟时，不仅产业链上下游间的商业模式将走向灵活及多元，稳定性更佳，而且产品可以从产地直接到用户手里，从而最大限度地释放C端消费力。

（2）快手“源头好货”策略分析

2019年10月间，快手电商宣布推出“源头好货”，主打源头好物心智，强调源头工厂直供与极致性价比。在此基础上，2020年以来快手电商推出“超级品牌日”，前7场成交额达到6.2亿元，吸引了李宁、美特斯邦威、阿迪达斯、完美日记、宝洁等品牌加入，品牌成为快手电商重要组成部分。随后又与格力、京东零售合作，“品牌货”成为快手电商一大亮点。

快手电商的“源头好货”策略包括四种类型（如图1–1所示）：一是将原产地的生鲜农产品等通过主播的力量以实惠的价格带给用户；二是以“平台+产业带基地+商户”的经营方式，直接呈现服装、玉器、食品、茶叶等产业集聚区的货源内容和商品；三是主播或企业直接把工厂货源以高性价比的方式呈现给用户；四是将联合主播和机构孵化更多快手达人品牌，从而增强用户对其原创品牌的认知和信任。

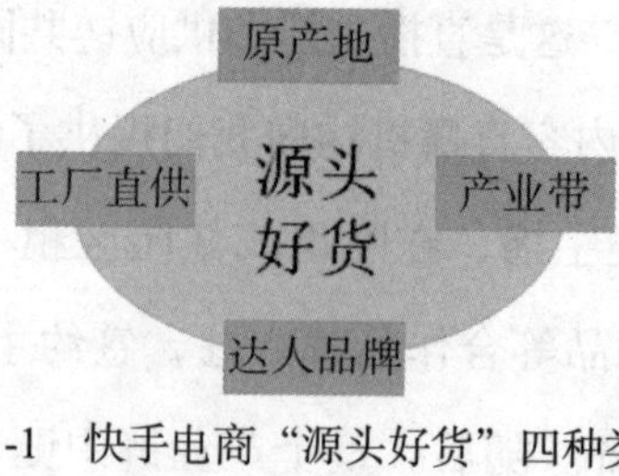

图1-1　快手电商“源头好货”四种类型

事实上，用户之所以要在快手买东西，是因为快手电商主打“货源地”，也就是“源头好货”便宜的批发价和货源地的真实性。快手电商正是通过短视频和直播这种最直观的方式，跨越中间商，直接为老用户带来物超所值的最佳货源。这也是快手电商的优势和主要特点。

毫无疑问，快手电商的“源头好货”是对电商模式的探索和创新，是成功的，它打造出了一个“没有中间商赚差价”的模式，真正实现了“一件也能享受出厂价”的社会经济效益！

法则一：好货是真而不贵的。一直以来，直播平台都无法解决假货以及描述与实物不符的问题。目前，直播平台一共有三种运营模式：淘宝直播、抖音直播和快手直播。淘宝直播是在电商平台淘宝的基础上发展起来的，是类目、搜索的一种补充方式，沿用的依然是中心化平台的算法和人工推荐机制，包括付费的推广，构造了多个商家通过直播平台吸引用户进行销售的销售模式。而抖音直播和快手直播则依然是依靠原有的直播内容，融入销售商品的电商模式，才形成了现在的直播电商。快手与淘宝、抖音最大的区别在于，“去中心化”的粉丝（老铁）关注体系。快手强化了商家的组织和系统管理功能，要想赢得较高的效益，就要做好直播内容、保证真货、高性价比，还要不断地提升服务。如此，才能持续获得粉丝关注和信任，持续实现转化和复购。直播解决了信任问题，快手平台又解决了获取粉丝和运营成本的问题，由此，“好货要真而不贵”自然就成了“源头好货”的第一法则。

法则二：更低的运营成本和更高的效率。在直播带货的运营体系里，没有最低成本和最高效率，永远都只有“更低和更高”。作为直播主播，就要思考“如何才能在最短的时间实现这两个目标”？创新的直播平台通常都会针对用户和商家，结合自身的购物方式进行深入研究和分析，然后找到并制订最优方案。同样，直播平台也需要用旧有的中心化模式去开店、上架、推广、促销和处理订单。比如，快手曾结合目标商家的行业特点、使用习惯、运营能力等，从小店进行创新，实现了源头商家管理的更低成本和更高效率。比如，“闪电购”功能。该功能是为直播营销量身定做的，直接颠覆了亚马逊开创的商品上架的运营模式。只要上传一张主图（直播截图或用手机拍现场图），填好价格和库存等选项即可，编码暂时属于选填项。从运营成本上来核算，这种方式大大减少了“上架商品”。

法则三：好的品质保障和完善的售后服务。如今，随着电商的快速发展，以及直播电商的不断创新，出现了更多的优质“源头”商家和好货。由此，商家和商品的品质保障和完善的售后服务也就成了“源头好货”最重要法则。针对直播电商的模式，商家审核准入、违规治理和售后保障体系又是怎么样的呢？快手电商的入驻审核体系，不仅有资质和商品审核，还强化了内容审核。数据显示，在快手1万多名员工中，约有一半是内容审核团队，并很早就建立了三审制度，保证用户不会看到涉黄、涉黑、涉爆等违规及不适内容。

3. 直播带货参与者构成的完整链条

直播带货又称电商直播，是指主播或企业通过网红直播、短视频等方式传播商品内容，引导消费者购买的购物方式。只有了解了整个直播的链条体系，才能更好地开展直播。直播带货有一个由参与者构成的完整链条，这些参与者是平台、电商公司、直播机构和资源整合者（如图 1–2 所示）。下面我们就来看看它们都是怎样发挥作用的。

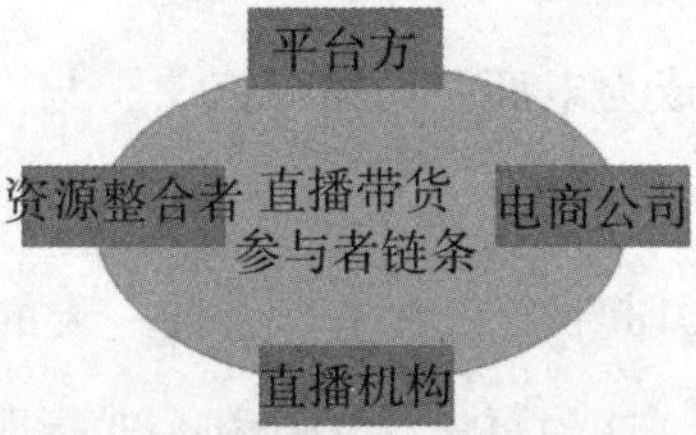

图1-2　直播带货参与者构成的完整链条

（1）平台方：直播带货的战场

平台方是指直播平台。直播并不是什么新鲜事，在 2016 年就已经有直播了。在当时，直播变现的方法就是打赏。打赏就像给游戏充值，它是有一个生命周期的，所以很难持续，一旦新鲜度消失将不再有人打赏。因此，直播必须寻找新的盈利模式，否则必挂。这时，直播带货即直播电子商务应运而生。这种模式可以说是拯救了直播，甚至重塑了直播。

直播带货是从 2019 年开始的。这一年直播电商迅猛发展，越来越多的直播平台开始电商变现，比如快手、抖音；越来越多的电商开展内容化战略，比如淘宝、京东。电商只是冰山一角，直播 + 教育、直播 + 旅游、直播 + 体育、直播 + 电竞……直播界限的拓宽，将为未来带来更多可能性。

真正的直播要从 2020 年 5G 的普及开始，抖音、快手以短视频建立起的巨大流量池，正在发力直播市场。5G 技术将进一步打破边界，让不可能成为可能。5G 全面普及后，平台方将是最大受益者。

（2）电商公司：直播带货的核心玩家

电商公司是直播带货的核心玩家，是受益者，也是金主。我国第一家电商公司是成立于 1999 年 5 月 18 日的 8848，曾被誉为“中国电子商务领头羊”。后来由于风险投资的强烈干预，使 8848 迷失了发展的方向，成为中国电子商务发展过程中第一个殉道者。此后的淘宝、京东、唯品会等电商公司相继成立，并逐渐发展成为行业巨头。

以淘宝为例。淘宝成为电商公司第一巨头，与全国千千万万卖家密不可分，淘宝流量的价格近年来大幅上涨。2019 年“双十一”，淘宝直播 1 小时的营业额超过了 2018 年“双十一”直播一天的销售额。淘宝直播有流量、有转化、有盈利，这为每一个主播和企业指明了新的方向。无论是年销售额过亿元，还是夫妻店刚刚推出的淘宝，他们都开始了自己的直播，或是找网红直播，其实就是要多卖货。

（3）直播机构：助力内容持续输出和变现

直播机构即 MCN 机构，是指孵化直播网红的组织，也可以理解为帮助签约达人进行内容持续输出和变现的公司。事实上，不管是什么样的主播网红，他们背后都有专业的直播机构为其精心包装，努力策划能够吸引眼球的直播方案。对于直播网红来说，靠的是直播机构在内容制作和流量曝光等方面的支持。就直播机构而言，他们拥有更多的广告、电商资源及更高的议价能力，这可以使直播机构为网红带来更好的商机和选择，也可以提高网红与直播机构之间的合作意愿。

目前，直播机构虽然都有自己的直播方式，但都是朝带货的方向培养。电商型直播机构以内容的生产和运营为核心获取流量，通过电商渠道做内容变现，是人、货、场三端的枢纽所在。上与品牌方对接，掌握着优质商品的供应渠道；内与公司内部网红对接，掌握着优质内容的生产资源；下与各大电商和内容平台对接，通过平台流量实现带货。

（4）资源整合者：网红和卖家的中介

资源整合者也就是中介，它是直播机构与电商卖家的中间方，主要赚取差价。一边是直播网红机构，另一边是想要花钱推广的卖家，双方谁也不认识谁。于是，资源整合者左手网红，右手卖家，中间赚差价。也就是说，你有囤货，我有流量，用我的流量可以直接解决你的囤货问题，于是合作共赢，皆大欢喜。这就是资源整合。

（5）观众：买家的根基

观众的吸引通常都来自直播的沉浸型交互体验。在视频直播平台上，观众可以免费观看直播内容，看到了自己喜欢的主播，就可以通过打赏虚拟商品的方式来表达自己对该主播的喜爱及支持。此外，观众还可在直播平台上与主播进行互动。例如，私信、实时弹幕和共同直播等。

事实证明，只有处理好主播、平台和观众之间的关系，让三者的关系保持平衡，才能带来更多的优质内容，直播平台才能走得更远。那么，如何才能平衡好三方的关系呢？

①让观众有所收获

a. 获得乐趣。要想让观众在直播平台上收获乐趣，就要增强直播间的互动性，比如，增加游戏直播间，鼓励观众直接参与到游戏中，在这样的互动中，观众就能收获众多乐趣。

b. 获得收入。如今，在多数直播平台上，观众都只能进行消费，主播及平台的收入自然也就能逐渐提高，可是这种情景如果持续的时间过长，观众的消费率就会降低，还会流失掉很多老用户。而直播系统中加入了推荐功能，只要老用户推荐新用户加入，进行消费后，老用户就能得到提成，也能赚到钱。

实践证明，观众收获增加，就愿意留在直播平台，提高直播平台的竞争力。

②增加主播收入

要让主播更加积极地从事自己的工作，就要给主播带来更多的收益，那么如何增加主播的收益呢？可以在付费直播和直播间内加入购物链接，不仅能增加主播的收益，还能让直播间不再枯燥乏味，主播还能将自己与众不同的一面展示给观众。

③拉近主播与观众之间的距离

为了维护主播与观众之间的关系，可以推出私信、经纪人系统等功能。如今，多数平台都是直接与主播经纪公司合作，而经纪人系统则能方便地对经纪人进行管理，吸引更多的主播入驻；私信等功能，则可以拉近主播与观众的距离，促进线下的进一步交流，维护主播与观众的关系。

4. 短视频内容营销现状及发展趋势

2019年是互联网领域十年中的“寒冬”，但短视频却是一个最温暖的存在。内容营销以短视频和直播为核心载体登堂入室，贯穿于品牌营销、传播、销售和运营的各个环节；而“内容”是其核心，改变了传统品牌建设的时间成本和品牌营销传播预算的结构。2020年的短视频内容营销将是一种什么样的存在?

（1）短视频内容标签要更清晰

2020年春节期间，互联网领域所有的好消息似乎都来自短视频和直播。抖音早在2月就发布了年度数据报告，正式宣布日活跃用户数量（DAU）已进入4亿时代，用户记录生活、连接世界、获取知识、传播文化的最佳舞台就在抖音。年度数据报告的最后有一个诗意的结尾：“2019，所有美好都恰逢其时；2020，愿更多美好如约而至。”双关语不仅表达了初衷，也指出了方向。而快手在追捧春节联欢晚会三年后，终于在2月底拿下了春晚红包项目桂冠，尝试运用“点赞”的新形式提升品牌概念，更新人们对快手的认知。2月21日，快手正式宣布日活跃用户数量超过3亿。

大家都知道，在国内互联网的发展史上，任何细分领域中若一个App应用日活跃用户超过1亿，大家都会认可这个App的实力，而在同一领域的短视频平台都出现了超过3亿日活跃用户的历史，无疑让人感到其江湖地位已经确立。2020年，短视频将继续展现高光时刻，与短视频相关的产业链也将更加细分和成熟。

事实上，无论哪个平台都是尊奉“内容为王”的，只有优质内容才能提升完播率、关注率和互动率，因此内容标签应该清晰。2020年的内容创作应把握以下几点：从用户的角度制作内容并以用户喜欢的方式呈现，不要轻易承诺关键绩效指标（KPI）；前三秒钟的内容就必须具有悬念、有高潮并富于节奏；关注热点，如热门视频和热门话题等；稳定和细化账号、内容、热度等标签颗粒；保持健康的价值取向，不应投机取巧地钻营。

当然，内容创作还要把握以下三个原则。

①有价值。抖音直播间，不仅要吸引人们进来观看，还要让观众在直播间停留，因此直播平台一定要持续性地输出有价值的内容。一是要满足用户的需求，站在用户的角度思考“为什么要选择这款产品”，不能单纯推销产品，要输出产品的价值点，解决消费者的“痛点”。二是要授予消费者一定的专业知识。比如，某服装面料的优点、舒适度，饰品制作有什么特殊工艺，水果需要怎么存放等，丰富直播间的内容。

②有温度。直播间，不仅可以推销商品，主播也能充分展现自己，将个人的态度和思想传递给用户。所以，主播一定要多传达正能量，让别人觉得自己是积极向上的。比如，主张理性消费，即使直播优惠力度大，也要让用户购买自己需要的商品。如此，用户就会觉得直播内容是有温度的，还能建立起和粉丝之间的信任，增加更多的“铁杆粉丝”。

③有趣味。用平淡无味的语气介绍产品，观众一般都不会停留太久，所以主播的语言一定要生动有趣，要让观众将主播的介绍听进去，记在心里。同时，直播间内的玩法也要丰富多样，不能简单地坐在镜头前拿着商品介绍，还可以亲自使用给观众看，比如，可以将某服装直接穿在身上展示给观众，并给出穿搭指导；可以直接展示食品的烹饪方式等。这种方式，不仅可以吸引观众停留，还能实时展示商品的特点。

（2）短视频内容营销的九大趋势

2020 年新年伊始，国内权威的视频全网数据开放平台卡思数据发布了《2020 年短视频内容营销趋势白皮书》，围绕 KOL（Key Opinion Leader，关键意见领袖）营销、蓝 V 运营、挑战竞争三种内容营销形式，对 2019 年各行业数据表现进行分析，梳理出短视频内容营销未来九大趋势。下面我们就来简单分析一下这九大趋势（见表 1–1）。

表1–1　2020年短视频内容营销的九大趋势

序号	内 容
1	短视频平台聚集了很多消遣娱乐、社交、购物的人们，已经越来越“不专业”，“平台”的概念日渐模糊。基于不同的需求和动机，人们对短视频平台的认知和理解也不尽相同，平台的概念可能会被重新定义
2	红人供需结构失衡，红人供给方在颜值、剧情、才艺、美食等方面已呈“红海”态势，但在科技、旅游、金融等领域以及种草评估、区域类账号则有较大机会；红人需求仍然需要，即使供给方已现“红海”
3	从“人带货”到“货带货”，直播带货领域趋于细分，带货主播进入产业化生产时代，好内容出好货让许多腰部、尾部主播获得了成功
4	流量红人、种草红人、带货红人一干人等在短视频、直播的催生下并驾齐驱，多管齐下，很可能迅速成就一个不知名的品牌，并在短时间内完成传统品牌可能需要数年时间才能走完的道路
5	种草成本在短视频领域持续上升，这将不可避免地形成矩阵种草。但种草需要硬核内功，如果分享的内容和形式不能获得用户认可，即便有好货也会深埋于巷中，可见原创优质内容非一日可成
6	2020年是品牌自建内容和形成达人矩阵的第一年，这势必引发营销行业巨变。事实上，大型品牌玩家于2019年就在短视频内容营销领域做出了两个动作，一是加强与优质红人的绑定，二者的合作将从“浅”至“深”；二是自有资产终端品牌也将强化内功。这两种行为都将导致短视频营销公司的价值分化和转型，即从过去的“KOL代理商”到“服务商”，从过去参与KOL全案营销到参与拍摄、运营、直播、数据服务等任何环节，并通过技术为品牌赋能，使品牌创造更多价值
7	2019年网红带货的普及，使得品率合一、第一次直播即能快速成交。但顶级红人IP实为凤毛麟角，对于一大批品牌尤其是创新型品牌而言，很难赢得顶级红人IP的青睐；至于那些投入大量红人种草的品牌，一般也很难将红人IP的个人影响力转化为品牌影响力。因此，只有强化自有渠道的运营、强化私域流量沉淀和人格化、IP化运营，才能获得长效竞争力

续表

序号	内容
8	品牌可以通过数据更好地了解红人的带货能力，同时对视频带货和现场销售的数据进行分析，从而更好地实现“人”与“货”的匹配
9	目前，用户消费已经回归理性，电商渠道在扩大细分，下沉渠道已经开通，这些都将使大品牌和不知名品牌的市场机会和空间进一步释放，大品牌将更加强势，不知名品牌将日渐崛起，而作为品牌信息传播的中心，KOL将参与其中，成为品牌信息传播的中流砥柱

5. 下一个十年的产业趋势：直播带货

在人口红利流失、移动互联网进入存量的时代，直播在提升流量、低成本获客等方面效果突显，因而将成为平台争夺的必然入口。直播带货不仅在2020年形成了江湖格局，也将昂扬地走向未来，成为下一个十年的产业趋势。

（1）直播带货江湖格局与趋势

2020年初，直播业态迅速扩展到居家的百姓之中，让70岁的老人和学龄儿童乐在其中。而直播团队也从小鲜肉扩大到了明星、央视主播、企业家等。2020年春节过后仅1个月的时间，就有100多个传统线下职业转移到淘宝直播间，诸如云卖房、云卖车、云餐厅、云门店、云菜市场、云超市、云音乐会、云博物馆等，“云××”在淘宝的直播上迅速爆红。2020年2月以来，这100多种职业开通的淘宝直播卖货与去年同期相比增长了50%。

在淘宝、京东、拼多多等电商巨头大兴直播卖货之际，抖音和快手也进入其中，并创新出搭配连线、红包等各种玩法。源源不断的玩家纷纷做直播卖货，不仅业界有大量专业直播机构签约，平台流量也高度商业化。各大平台2020年的直播卖货实战将非常精彩。

目前来看，淘宝、快手、抖音“三国杀”已经构成2020年直播江湖的基本格局。招商证券于2020年1月发布的报告数据称，淘宝直播电商的成交总额独占鳌头，每天成交额为2.2亿元，每年将达到1800亿元；快手电商的成交总额为1亿元，抖音每天为2000万元。

许多网站如腾讯、百度等也在觊觎直播市场，虽然它们的进入形式不同，但随着防疫工作的开展，这段时间人们在家里无所事事，非电商系已经进来了。不仅如此，以董明珠为代表的传统家电企业家们也率先走进直播间，并亲自代言，这使得江湖直播一度风起云涌。

从趋势上看，不管是电商平台还是非电商平台，无论有多少人加入，也无论有多少种玩法，归根结底，直播带货都在从产品化、内容化向社交化转变，都在从“人找货”向“物找人”转变。这也就是说，直播平台表面看拼流量，其本质是在拼供应链的内容能力和社交能力。由此不难看出，做直播带货，如果不能原创优质内容，不能进行很好的运营，直播带货根本做不了，也做不好。

（2）未来十年必定昂扬向上的直播带货

网络直播带货现在正处于风口期，它不仅传播信息速度快，而且很容易被大众所接收。直播带货的发展趋势肯定是昂扬向上的，预计在未来十年内网络直播带货成为常态，变成一种新型促销导向的营销手段（见表 1–2）。

表1–2　未来十年直播带货成为常态的三大原因

序号	内容
1	虽然快递业已经实现了全覆盖，但电商却无法让用户看实物及其质量。针对这一问题，淘宝曾率先采用了视频显示功能，但它并不能很好地显示商品的质量，因为不良经营者可以将视频作假，所以很多有远见的人大胆尝试了直播带货，从而有效解决了用户无法面对真实商品的问题
2	任何一个行业，火爆之后必将带来整个行业的变革，这已经被无数事实所证明。网络直播带货面对所有人开放，将成为新的就业模式。未来，网络直播带货将成为电商时代的标配，即使在目前的虚拟现实技术支持下，也是要通过互联网视频功能来实现的。因此，直播带货不仅会继续取代传统的电子商务，而且还将取代许多实体商店
3	随着全民电商时代的到来，越来越多的普通用户也可以在直播平台上展示自己的商品。通过直播过程中的互动，更容易获得消费者的信任。直播过程中的互动和视频呈现，主播营造紧迫感等，以此来促销，进而通过视觉刺激、价格优惠等营销手段，使用户高兴地下单

第02章

此处高能：更胜一筹的直播消费体验

直播带货作为一种新兴的电子商务营销模式，有助于质量有保证、服务有保障的产品打开销路。与直接乃至赤裸裸的广告相比，直播带货创造了一个没有距离感、对消费者很亲和的场景，让消费者觉得更像是熟人推荐好东西。直播带货能够提升消费体验，说到底就是有了带货达人们作为消费者与商品之间的纽带，能够让消费者形象、直观地感受到商品的好坏。这也正是直播带货日渐火爆的原因所在。

1. 直播间是秒杀的天然促销场景

直播间就是一个天然的宣传促销场景。通过带动弹幕的节奏，呈现急不可待的抢购现场，用户没有时间犹豫就想要下单，达到秒杀的效果，自然就能大大提升产品销量。

（1）直播间秒杀的场景特点

很多时候，并不是只要有一部手机、一台电脑、一个人、一堆货，就能做直播营销了。

直播图像的传达更直观，效率也更高，同时有丰富的内容。直播图像改变了原有的媒体生态，具有可视性、交互性和实时性。同时，为了保证最真实的用户体验，在直播过程中，可以现场答疑，信息在直播过程中不需要转述，减少了“信息损耗”，提高了信息的完整性和可信度。

直播的上述特性决定了直播间秒杀的场景特点。当直播间出现秒杀时，大量用户会同时抢购，网站的即时访问流量也会激增。秒杀通常意味着访问请求的数量远远大于库存数量，只有少数用户能够成功秒杀。秒杀业务流程是非常简单的，一般是订单操作。

（2）直播间低价秒杀模式分析

低价秒杀模式是最基础、经典的直播模式，也是目前最主要的直播模式。低价仍是目前直播用户的主要诉求，所以低价秒杀模式“马太效应”显著。薇娅就是该模式的典型案例，从刚开始的时候自己付费买样品，免除坑位费、佣金，贴钱做“全网底价”标签，最后一步一步成长到现在。

低价秒杀模式中，只要有优惠和礼品，就能吸引到用户，所以主播渲染商品价值的能力是核心能力。如何让用户成功被“种草”，并完成转化，是主播需要思考并解决的。比如大家都熟悉的李佳琦的产品定位能力，“女主人气质”“高级又复古”这些精确的意向传达俘获了众多女孩的钱包。

在实际的操作过程中，要注意以下几个问题。

①产品货源。要想找到合适的货源，可以多浏览一下 1688、义乌等渠道。这些渠道，都有大量的微商、社群产品供应链体系，可以提供一体化服务，最终都能赚钱。

②快递。3 块钱左右邮费的快递最适合，但可遇而不可求。这种产品，只适合部分有物流供应成本优势的地区。

③账号（损耗）。在规模化运作过程中，通常都会遇到这样的问题，比如，封号、降权等。目前，抖音号的成本不断上升，想要拥有高质量的千粉号用于直播或做账号矩阵，可以直接跟短视频网客服取得联系，获得视频账号 。

2. 主播架起了用户和产品之间的桥梁

用户和产品之间不能缺少主播，正是主播在二者之间架起了一座桥梁，让忠诚的用户成功地将主播的信任转移到产品上，从而建立起对品牌的信任甚至依赖，这就是主播的品牌效应。当足够的用户受品牌效应的影响而产生消费时，主播的承载能力就会爆发，从而创造出千万元甚至上亿元直播带货的奇迹。

（1）架起桥梁，主播需要了解用户心理

让用户购买产品，首先必须要摸清用户的心理，成功刺激他们购买产品。概括起来，直播中的用户普遍具有的几种心理倾向如表 2–1 所示。

表2–1　直播带货过程中的用户心理分析

用户心理	分析与案例
从众心理	从众心理是指个人受到外界人群行为的影响表现出的符合于公众舆论或多数人的行为方式。很多情况下，用户看直播只要点击打开进来看看，他们大多数的购买行为都是由主播和其他用户驱动的。淘宝主播薇娅有一次在推广一款水果玉米时，她打开箱子发现其中一个玉米已经被工作人员掰了一半吃掉。通过这种方式，成功引发了用户的从众心理，让用户觉得这个产品很不错
猎奇心理	主播很多都是利用用户的猎奇心理带来用户量。成功经验说明：既然主播想保留用户甚至购买产品，就必须让现场的内容和产品有所不同，不同的感受才能吸引用户的好奇心和注意力。例如，抖音上的“歪果仁研究协会”，这个账号长期发布一些外国人对中国某些具体事务的评价，比如“如果可能，你想带什么中国产品回家？你对在中国结婚离婚有什么看法？”等问题来满足用户的好奇心，很容易引起关注

续表

用户心理	分析与案例
捡漏心理	每个人都有贪便宜、捡漏的心理。有一种“亏”是让用户觉得你卖亏了，这就是用户的捡漏心理。主播们在提价格的时候，多注意真实场景的营造沟通，这样更容易让用户产生捡漏心理，促进转化。例如，通过涨价刺激，让用户觉得看上就赶紧买，不买就涨价了；通过价格对比刺激，让用户觉得找这个主播买是最划算的；等等
归属感	主播要做好人设规划，首先让用户成为朋友，得到用户的支持。如果面对用户，直播间里永远只有价格和销量，没有任何信任和用户的参与，那就只是兜售了。肖战有偶像的“天资”，深得用户喜欢，对肖战格外关注，对他的名声和动向倾注了较多的情感。肖战通过与用户互动，让用户有了极高的参与度，从而加强了用户的归属感

（2）架起桥梁，主播需要明白产品要求

直播带货追求交易率和交易量，如果忙了很长时间什么都没卖，那是很令人沮丧的。所以我们需要了解产品对直播的一般要求。

有统计数据显示，直播电商 70% 以上的热销商品，价格在 40 元以下；超过 60 元的商品占比仅为 10%。热销的单品主要是食品饮料、美容护肤、服饰鞋包、床上用品等产品。

直播间销售的产品，如果单价过高，消费者决策的速度就会减慢；如果单价低，就算消费者没有认知，只要介绍到位，照样会决定购买。如果你没有赠品、折扣和小礼物，又缺少优惠，是不容易促成推进的。我们一定要明白，爱占小便宜，是人性的弱点。所以直播间最适合带货的产品，就是门槛低的产品。既有特色，价格也实惠。这才容易形成购买热潮，也才能降低用户的决策障碍。如果你直播的产品价格并不是最低的，或者和别人的销售价格有冲突，那是不容易带货的。

3. 讲解更有针对性，展品形式更加真实

在直播过程中，主播要面对成千上万的用户，因此必须要进行有针对性的讲解，以更加真实的形式展现产品，这样才能加深用户的信任。

（1）了解用户需求，有针对性地去讲解

直播带货是集社交、社群、学习、IP 追随、娱乐、消费等内容于一体的，而不是简单地卖东西给用户，用户的需求也不是仅仅单一地来买东西。比如，为了放松心情、为了打发时间、为了跟随潮流、为了学习知识及寻求陪伴、被喜爱的主播所吸引，等等。明白了这一点，我们就应该首先了解用户真正的需求是什么，然后才能知道如何去满足他们。

事实上，一场直播往往有成百上千甚至几十万用户在观看，但是下单的人可能只有几千、几百甚至更少。那么剩下的人到底在干什么？在围观。他们今天看一次，啥也没买，但可能明天会买，也可能后天会买，迟早是会买的。他们来直播间围观休闲的时间比真正购物的时间要多出太多。进一步说，他们的核心需求除了购物，更要娱乐。

用户的需求不仅要从年龄、性别、地域、消费偏好等常规的数据统计结果来了解，更重要的是从需求点出发认识用户，了解他们的需求。可以在互动中了解用户需求，比如依靠打赏礼物、弹幕、私信对话、加入用户群等，而为了进一步增加互动性，还可加入直播间小游戏、投票等功能，以拉近和用户之间的距离。高质量的内容对于增加互动性至关重要，对用户有意义的内容任何时候都是不可或缺的，主播向用户输出优质内容，可

以有效带动用户讲出心底里的深层需求。

要想增加互动，一种重要的方式就是简单地参与游戏。人们一般都喜欢做游戏，因为在游戏中，人们是轻松的、欢愉的，因此为了增加互动效果，完全可以采用游戏的方式。

①直播道具。主播可以直接列举几种食物，让大家猜猜自己最喜欢哪一种。当然，做个游戏，要提前写好答案，待大家猜完后揭晓，如果有人猜对了，还要给他一定的奖励。

②歌词补充。如今，在紧张的工作之余，人们都喜欢唱或听歌曲，因此对很多流行歌曲都异常熟悉，即使嗓子不好，也会哼哼几句。当然，对歌词自然也就更驾轻就熟了。所以，完全可以玩歌词补充游戏，让人们来填充，比如“如果没有遇见你，我将会是在哪里……”熟悉这首歌的人，自然会将下面的句子接出来。

③来找碴儿。可以提前准备几组图片，每组 2 张，让大家找找“有几处不同”；之后，通过评论告知主播。当然，具体的结束时间，要由主播自行决定，主要目的不是刷礼物。这种游戏很直观，参与度一般都很高。

④砸金蛋。可以在商品店或淘宝上买 3~4 个金蛋，直播的时候放在直播间里。每个金蛋里放一张纸条，写上具体的内容。比如，真心话、回答对应观众的一个问题、简单的惩罚、获得红包等。限时 2~3 分钟，刷礼物最多者，就能获得砸金蛋的权利。

（2）向用户真实展示自己的产品体验

直播最大的优势是真实性，这恰恰是直播带货的魅力所在。直播间的现场直播可以让用户直接了解产品，无论是产品试用，还是与用户的互动，主播的一举一动都是及时呈现的，对于用户来说，也是最真实的。主播要突破传统的“认图购买”的局限，向用户展示自己的产品体验，激发用户的购买欲望。除了展示产品的卖点外，主播还需要充分发挥个人优势，依托直播技术来调节气氛和互动性，并在这个过程中增加用户的关注度和信任度。

事实上，无论是推荐的家居用品还是美容产品或美味佳肴，主播几乎在直播过程中都全程亲自体验。薇娅在直播促销冰激凌时，直播间甚至会直接将店内专用的中型冰激凌机搬到现场，让薇娅吃给用户看，为的就是在直播现场营造一种真实感。实践证明，主播的试吃和试穿体验能很好地向用户呈现效果，使用户以最快的速度接受主播推荐的产品。

在以瘦为美的当下，节食减肥计算卡路里的人们需要一个心理上的代偿。如果有一个人吃得多而且都是高热量、高油脂的食物，并且人瘦颜美，那么给看的人带来的心理满足感是十分巨大的。心理学上有一个“代偿心理”，即当一个人遇到挫折、困境、损失时，他会将自己的需要转向其他对象，以求摆脱心理上的困境。如果能够理解代偿心理，你就不难理解大胃王直播为什么会有那么多人观看了。

如果一个新人主播很漂亮又会穿衣搭配，这是优点，而不善于讲解产品就成了弱点，最好从优点入手，展示自己的穿配特长，然后慢慢摸索用户的需求，再有针对性地进行讲解。例如，胖人害怕穿看起来很胖的衣服，主播可以找显瘦的衣服穿给他看，证明胖人穿上也可以很好看；矮个子的人害怕穿看起来显矮的衣服，主播选择露脚踝的裤子和短款上衣，二者搭配的效果，会让他很容易相信。不擅长讲解产品的新人主播可以到大主播直播间观摩学习，多记笔记，自己多练习。

当然，在展示的时候，主播要注意这样几个内容：语言的力度；演员般的表情；明星般的气质。

①语言的力度。为了增加介绍的真实性，为了让人们更容易接受，主播的表达就要有力度一些，不能软绵绵的，更不能不自信。

②演员般的表情。表情，是提高说服力的隐形方式之一。僵硬的表

情，会让人们质疑主播的说辞；只有和善的、温暖的表情，才能让人们更愿意相信。因此，主播要跟演员学习，练就好的表情。不管听众反应如何，都不能在面部表现出生气、愤怒等。

③明星般的气质。气质，是主播的一项综合素养。气质卓越的主播，更能吸引人们的眼球，更能让人们信任，更能增加产品体验的优越性。因此，主播在展示产品体验的时候，一定要表现出明星般的气质。

4. 主播生态圈的“二八原则”

“二八原则”即“二八定律”，是 19 世纪末 20 世纪初意大利经济学家帕累托发现的。他认为，在任何一组东西中，最重要的只占其中一小部分，约 20%，其余 80% 尽管是多数，却是次要的，因此又称“二八定律”（见图 2–1）。

图2–1　二八定律概述

网络直播行业非常符合“二八原则”，平台 80% 的利润依赖于 20% 的头部主播，平台 80% 的资源也被 20% 的头部主播占用。优秀的头部主播一方面自己本身就有较强的竞争力和团队，另一方面平台也将资源向头部主播倾斜。因为头部主播可以给平台带来更多稳定的流量、广告和礼品分享，这是平台的主要盈利点。由此也产生了“马太效应”，即越是优秀的头部主播越容易获得更多的资源和平台支撑，发展得越好，而腰部主播和尾部主播获得的资源则越来越少。

（1）突破私域流量，赢得外部关注

现实中，无论是内容直播，还是电商直播，“二八定律”的现象是比较明显的，诸如淘宝的薇娅和李佳琦、快手的辛巴和散打哥、斗鱼的大司马、虎牙的张大仙、B 站的冯提莫等，都牢牢占据了直播行业的半壁江山。但对于主播来说，他们的问题在于其影响力在一定程度上受限于自己本身，而且与价格有着强烈的关系，甚至是价格强绑定。

直播的关键要素是传播、社会互动、内容“种草”，以及包装、品牌溢价和品牌信任等，因此电商直播业要围绕这些要素挖掘用户的潜在需求。基于直播现场的热点话题和社会传播，不仅是直播间的流量抓手，更是主播、品牌和平台所必争的。主播或者说直播行业“破圈”的实质，其实是将私域流量突破到公域，然后将公域流量用于私域的过程。因此，主播需要突破自己的私域流量，获得更多的外部关注。这是主播自身乃至直播行业发展的必然要求。

为了吸引更多的关注，可以这样做：

①明确定位。要想吸引粉丝，就要做让粉丝喜欢的直播，因此确定好自我定位，才能得到粉丝的认同。主播要考虑这样几个问题：走什么样的直播风格？用什么留住粉丝？

②直播吸粉。直播怎么吸引粉丝？必须加强实践，内容仅看不做是没有效果的。做一次直播虽然只能吸引几个粉丝，但只要多做几次，粉丝就能慢慢增加。从周一到周日可以开启日常直播，跟用户唱唱歌、唠唠嗑、聊化妆、聊搭配，让粉丝认识你，让粉丝关注你。还可以在微信、微博、店铺端等预告发布，吸引老粉丝来关注，随着人数的逐渐增多，在直播平台的排名就会提高，就能吸引更多的新粉丝。如果做不到每天8~10小时的狂播，就要采取新的策略，做成节目形式，长期固定在某时段进行直播。

③直播后，主播可以将直播中好玩的、有趣的内容和商品在微淘、淘宝社区里进行二次沉淀，让粉丝来关注微淘盖楼。平时，有事没事可以在淘宝直播间给用户送福利、发红包、秒个商品，用户边看边买，往往更有意思。

（2）微博可作为“破圈”的首选

当前社会热点事件，特别是娱乐事件，大多是在微博上发酵的。热门搜索排名以及是否能“爆”，已经成为衡量一个事件热度的重要标志。直播也是如此。据不完全统计，自 2020 年 2 月以来，与直播相关的热点搜索多达 180 次，平均每天 2 次。从这个角度看，在“破圈”过程中，没有一家社交网站比微博更有优势。在众多具有多重 KOL、强势媒体和话题属性的平台中，微博应该是“破圈”的首选。

圈子是用户基于同样的兴趣和关注自发建立的，多个圈子就形成一个多元化的微博社区生态。微博生态是一个多圈生态，它提供了许多强大社交场景，品牌在这种场景中可以精准地为目标受众“种草”，通过社交话题在圈内实现突破传播。主播可以将微博的“公域流量”转化为直播间的“私域流量”，从而在全民范围内提高品牌的影响力。尤其是明星频繁地进入直播间，微博的“圈外效应”则更为显著。

根据艾漫数据和新浪微博发布的《新浪微博 2019 年明星白皮书》，微博娱乐明星用户总数在 2019 年超过了 192 亿，明星用户同比增长达 25 亿人次。有超过 60% 的微博活跃用户关注娱乐内容，超过 40% 的微博热搜与娱乐内容有关。同时，娱乐明星的活跃用户中 80% 以上是女性，70% 以上是 20~29 岁的年轻人，50% 以上是社会人士，而这些社会人士恰恰是当代社会的主要消费力量。艾漫数据强调指出，微博仍是目前品牌营销的重要平台，有 77% 的用户消费决策将受到品牌方网络推广资源的影响，如何与平台合作，最大限度地发挥明星代言的效果，对主播来说尤为重要。

著名演员张若昀曾经吟了一首以“英菲尼迪”打头的藏头诗：“英风豪气摘星辰，菲菲春日寻山海。霓裳不湿沾细雨，迪循万里尽豪迈。”这首诗在英菲尼迪 2020 年新车发布会的直播中，成功地将品牌与张若昀的个人设计融为一体。而微博在其中起到了关键的作用。特别是由英菲尼迪微博定制的“颜值才华互吹大赛”全明星话题互动大赛，更是吸引了 200 多位明星参与，影视女演员、歌手刘涛，影视男演员牛骏峰，演员、模特高伟光纷纷现身，用美丽的图片、自画像、现场直播等方式展示自己的颜值和才华，用户自发参与比赛，13个衍生话题争相冲上热搜。活动结束后，英菲尼迪继续关注有关张若昀的热门新闻，并在有话题时与他互动，最大限度地发挥明星效应的价值。

作为一个多圈生态，微博的社会属性打造了一个完整的社区生态，可以助力形成了“明星、蓝V预热→私域流量自发传播→KOL、KOC扩大传播范围和影响力→二次传播完成破圈”的链条。事实上，很多品牌云发布大会都采用这种从营到销的传播链，帮助自己突破品牌壁垒，站在话题舞台的中心。

5. 企业直播——视频化营销的魅力

网络营销原有的图文展示模式存在一些弊端，因为图文展示不能让用户更全面地了解产品，从而导致用户流失。企业直播营销的出现，让我们看到了视频营销的魅力。事实上，无论是企业新闻发布会还是产品宣传，企业都愿意以网络直播的方式进行。

（1）企业传统营销的不足之处

企业传统的营销方式有许多不足之处，概括起来，大致有以下几点（见表2–2）。

表2–2　企业传统营销方式的劣势

劣 势	分 析
成本过高	传统的推广促销成本越来越高。以传统的产品发布为例，线下大规模的产品发布活动，不仅需要耗费大量的人力、物力和财力，而且浪费时间。如果产品发布大会以直播的方式举行，可以直接给自己的用户一场低成本的在线直播，让更多的用户观看直播，也不会因为线下场地的规模而限制人数，从而扩大产品以及公司的影响力
用户信任度不高	在传统的营销活动中，很多公司的广告语言往往夸大其词，甚至有些言不符实，广告语言是假的，图片基本上也是经过PS的，视频也被处理过。但是，通过直播的方式进行宣传，可以让用户更加直观、清晰地了解公司的产品，也可以让用户产生更高的信任度
营销效果不持久	对于大多数公司来说，传统的营销方式往往由于成本高而难以持续，宣传效果也不可持续。相比之下，视频营销则优势明显，用户可以反复观看公司的视频直播。因为公司的视频直播会长期影响用户，而且直播时间很充裕，所以公司可以从多方面对产品进行深入介绍

续表

劣 势	分 析
营销裂变难实现	一方面，传统营销的内容传播受到限制，用户参与度很低，互动性差，很难激发用户的兴趣。但视频直播营销则能够有效避免这些问题。许多传统行业和新兴互联网行业越来越重视视频直播营销。视频中高质量内容的不断输出，使企业更容易带动营销裂变，也为企业开辟了新的发展思路。

（2）企业视频化营销的优势

相较于传统营销来说，企业视频化营销具备诸多优势。企业视频化营销可以说是企业的活动营销，其优势可以从下面五个维度来分析（见表2–3）。

表2–3　企业视频化营销的优势

优 势	分 析
可以增粉	可以通过企业官方账户增粉。公司可以在直播页面上播放自己的公众号，对观看直播的用户显示二维码进入窗口，用户随机一点，二维码就可以收进直播窗口左下角，这既可以为公众号增粉，又不影响用户观看直播，可谓一举两得。通过后台设置，可以强制用户关注公众号，增强用户的黏性。除了后台设置，还可以让用户生成自己的现场活动海报，然后分享给朋友并一起观看直播，当然这需要公司在后台向用户发送红包，并定期抽奖，以此来增加公司与用户的互动
有利于收集信息	有利于收集潜在用户信息。无论是制造业公司还是服务业公司，它们绝大多数都有自己的业务部门。获取一个有价值用户的成本非常高，通过公司的直播，则可以在直播页面实时向用户发起投票、问卷、表格等来收集潜在用户的信息，然后将这些信息交给销售人员跟进，成交的可能性会很大
节约营销成本	直播可以帮助公司节约成本，尤其是在连锁店和分支机构进行员工培训方面尤为显著。其他地方的员工来现场成本太贵了，最好是举办一场能支持异地多种互动的年会直播，多地互动直播可以将年会的火热气氛带给各地观看直播的员工。线上线下同时开展红包、抽奖等活动，成本也非常低
自设看权	可以自行设定用户定义的查看权限。公司年会直播可以定义奖励规则、白名单用户观看、手机白名单观看、固定看码观看的等权利，其具体应用价值不难想象
便于品牌传播	在移动互联网时代，品牌推广和传播是必不可少的，但竞争也很大，营销成本不断上升，这让企业非常苦恼。如果公司举办活动，则是展示企业文化实力和品牌形象的绝佳方式，而所有这些各种活动都可以放进直播间来进行，通过直播交流，就可以轻松实现快速传播品牌价值的目标

第03章

模式解析：
直播带货圈现有的四种模式

直播带货是当下最火的带货模式，而火起来的真正原因，在于主播能够帮助品牌完成从“种草”到了解再到购买的全过程。实时互动加上视频的出现，使得主播很轻易就能“种草”、玩紧迫感促销、玩视觉刺激等，刺激用户产生购买欲望并做出购买决策。目前，直播带货已经形成了四种比较成熟的模式，通过对这些模式的了解，我们可以感受到品牌影响力、主播及产品信任感及平台运营等方面的某种趋势。

1. 纯佣金带货模式：企业最喜欢的一种方式

所谓纯佣金带货模式，简单来说，就是 KOL 进货群验货，或是进企业对接群，然后企业直接发产品样品给 KOL，并且协商带货佣金比例；KOL 则根据产品质量、需求、库存、客单价等综合因素权衡是否合作，为其推广。KOL 确定合作后，负责视频内容创作并进行推广，不向企业收取服务费，直接按销售分佣。纯佣金带货模式是企业最喜欢的一种方式。

（1）纯佣的要求、佣金与渠道

在纯佣金带货模式下，企业对 C 店（淘宝个人店）有一定的要求，店主必须有一定的基础销售量，店内综合得分要在 4.6~4.8 分，产品价格必须是全网最低价格。对于刚开 C 店的 KOL 或者一般 KOL 来说，这个要求还是比较高的。但是，从确保带货销量达成双赢的角度出发，有一定的要求是可以理解的。

目前，纯佣带货业内设定的佣金率相对较高，淘宝网的佣金至少要在 20% 以上才能被添加到窗口。使用纯佣金带货最常见的方法是做矩阵的公众号，这是通过铺量来完成的，矩阵公众号的佣金大部分都有 50% 以上。从整个行业来说，佣金率平均在 30% 以上，有的甚至会五五分成或三七分成，所以毛利率高、消费量大的食品和美容产品比较合适。

纯佣金带货模式下，KOL 通常有两个渠道可供选择。

①基于抖音等平台发布的热销排行榜，或是其他第三方数据查询工具

来选择渠道。例如，KOL 观测到最近几天某平台上热销的爆款商品，就可以直接找到企业的客服或店铺，索取产品样本，在试用产品后协商佣金比例，然后发布自己制作的视频内容，为企业做推广。

② KOL 对接资源群，即通常所说的“高佣资源群”。不管 KOL 从事什么行业，在圈子里找到彼此直接联系的人是最快的。一般来说，KOL 可以联系群内在淘宝天猫上的企业，在第一时间得到高佣金的许可，但在合作前 KOL 应该充分了解佣金比例。

③通过验货平台。例如，KOL 在抖音平台注册之后，通过验证抖音号就可以申请商品。企业会提前将要推广的产品发布到抖音平台上，就像货架一样，KOL 可以根据自己的喜好和垂直领域选择感兴趣的推广产品，点击即可获得推广链接。类似的平台包括大淘客联盟、精推库、好单库、达人推等。

（2）主播做纯佣的两种情况

有些主播会做纯佣，一般有以下两种情况。

①小主播做纯佣。小主播本身没有那么大的用户基础与流量，因此就不存在对流量付费的说法。一次直播在线千人左右的小主播，如果收服务费，就不会有企业去找他带货。小主播为了自己的业务量，当然也不会设置服务费。小主播销售量少是可以预见的，但对于企业来说，反正你买多少给你多少，大家都不亏。

②大主播做纯佣，有些是出于对高品质产品的追求。市面上的产品成千上万，如果真的有与主播的人设定位一致的优质产品，就可以用这个产品来打造自己的人气。大主播眼中的优质产品，无非是大品牌且低价优质的产品。因为这些产品有品牌意识，没有质量问题，也很少出现售后问题，可以以全网最低的价格在直播间展示给用户。还有一种情况是出于公益，公益性产品有助于塑造主播形象。

总而言之，对于企业来说，找纯佣的主播应该心中有数。找小主播效果肯定不会太好，但风险小。找大主播产品必须过硬，否则他不会接纯佣。当然，小主播也可以卖得好，不过这需要锻炼，毕竟每个大主播都是经过锻炼变成的。

2. 服务费+佣金模式：一定费用加销售额的产品佣金

在直播带货行业中，服务费 + 佣金是一种相当普遍的模式，该模式就是一定的服务费用加上产品的销售提成。它是目前头部主播、腰部主播大多数采用的合作方式。主播的服务费一般从几千元到几十万元不等，根据主播的用户数量来决定，佣金则是 15~20 个点。事实上，无论是对主播还是企业来说，这种模式都比较难控制。

（1）该模式下的主播风险分析

为什么大主播的服务费通常会非常高？第一，大主播可以保证出单量。第二，大主播的曝光量是明摆着的，高曝光量，品牌的知名度就容易打出去。但是，如果大主播不具备这两个条件，不仅自己赔本赚吆喝，更重要的是，企业的品牌宣传费用打了水漂，将严重影响大主播的声誉。

对于刚刚接触直播带货的主播来说，服务费 + 佣金的模式存在一定的风险。由于服务费价格高，而大多数主播都无法保证销售量，与主播合作的机构或企业只能拿出以前同一类型产品的销售数据作为参考。所以产品销售量会让主播有很大压力。

头部大主播这方面的压力比较小，因为他们的用户数量基数成千上万甚至过亿，产品总是会被用户购买的。而那些腰部主播则比较尴尬，他们的用户数量跟不上，所以无法准确把握每场直播的销量。现在市场上说保量的公司，常常让腰部主播拿出保证产品销量的证书，或者把一定的产品销量写进合同，但是没有腰部主播敢这样做。因此，大多数企业都在寻找头部大主播，这样可以降低风险。

（2）该模式下的企业风险分析

服务费 + 佣金模式中的“佣金”很好理解，简单点来说，就是主播帮助企业出售产品赚取一定的佣金，淘宝客就是这样的计费方式。太深奥的也没必要去深究。至于“服务费”，目前对它的说法不一，有些机构以广告费的名义收取，有些则以服务费的名义去收取，而企业一般是以付出服务费的形式与主播合作的。

服务费通俗地说就是坑位费，或叫作“坑费”，服务费会根据主播流量的大小而有所不同，从几百元到几十万元不等，网传罗永浩的第一场直播时一个坑费是 60 万元。服务费实际上是主播的底薪，也是利用其背后用户流量的流量费。用户群越大，流量越大，服务费越高，这很容易理解。

企业想要在直播间展示自己的产品，就需要支付一定的费用。比如，企业的产品将要出现在某个主播的直播间了，也支付费用了，但能不能卖，能卖多少，主播不负责。此外，如果一次直播中有多家企业的产品，这些企业会被按顺序收取不同的服务费，先出现的企业服务费通常会更高。

一个企业的品牌，如何做好宣传是至关重要的。即使产品再好用，没人知道那也没有用。比如一个企业公众号的内容一直处于相对封闭的状态，用户不多，那么文章再好，没人看也是白写。所以就需要企业通过各种方式去宣传引流，甚至要花钱请大主播，这都是很正常的。

值得注意的是，企业选择这种模式，一定要在确保成交额的前提下与组织或主播合作，一定要掐死退货率，否则有可能服务费被坑，甚至连服务费带佣金一起被坑。另外，也不要轻易拿企业品牌的核心产品做直播，因为核心产品一旦价格下跌，企业品牌将受到极大影响。

3. 短视频+直播模式：内容、广告、互动三个核心

要了解什么是“短视频＋直播”模式，首先要了解它与“直播＋短视频”的区别，二者不能混淆。前者主要是基于短视频模块，侧重于视频内容的创作，并以直播为辅助实现手段；后者主要是基于直播模块，辅以短视频，主要还是以传统的娱乐节目直播模式为主，而短视频功能只是作为辅助工具嵌入的。

内容的同质化和变现是直播面临的主要问题，而随着移动终端的普及和网络的加速，短视频以短、流畅、大流量的方式迅速得到了各平台、用户和资本的青睐，于是许多直播软件开始设有连接短视频的功能。同时，一些以短视频为主开发的 App 软件中也加入了直播功能，“短视频＋直播”模式已成为新的发展趋势。

（1）短视频与直播相辅相成

短视频和直播是相辅相成的。短视频内容更加丰富，用户保有量更强；直播突破了短视频点评的局限，主播与客户在线交流互动性强。“短视频＋直播”可以带来更好的用户体验，也可以为主要平台带来更多流量。

短片内容可以融合技能分享、街头访谈、时尚潮流、幽默、公共教育、广告创意、社交热点、商业定制等主题。与直播不同，短视频制作对表现形式和团队配置没有特殊要求，具有生产工艺简单、生产门槛低、参与性强的特点。新人也可以根据自己的想法发布视频。同时，短视频动辄千万级的播放量比直播更有传播价值，直播平台增加短视频功能，将有助

于自身留住用户和流量，保持良好的口碑。

具体来说：

①短视频为直播助力引流。对于直播来说，引流是一个重要的环节。而短视频完全可以通过优质内容，为直播预热引流。用户被引流到直播间后，主播通过专业讲解，可以促使用户完成消费转化。同时，直播的时空限制比较严重，直播内容很难留存，短视频却可以补足这一短板，为直播内容留存助力。对于直播中所产生的优质内容，短视频完全可以进行二次加工，然后进行精准分发。

②直播促成用户消费转化。直播即时性高、互动性强，只要跟用户实时互动，就能及时了解用户需求，为短视频内容的创作提供方法论指导。同时，直播带来的流量，也能进一步为短视频助力。例如，鹿晗、戚薇、极限男人团等明星出现在薇娅直播间，虽然时间不长，但直播结束后，点赞量依然高达 100 万 +，进一步吸引了粉丝，扩大了直播间的用户群体。

（2）该模式下常见的带货方式

从目前具有一定规模的短视频平台数据来看，生活类内容是短视频和直播深耕的领域，围绕这类内容创作的短视频和直播最受欢迎。至于具体的带货方式，一般有直播间带货、秒杀带货和亲自带货。这几种方式在前几章已经介绍过，这里不妨做一下简短回顾——

直播间带货：主播逐一介绍在售产品，直播内容是直播间展示的各种产品款式。直播间带货方式的竞争力在于商品的推荐，依靠产品吸引用户及引起互动。

秒杀带货：主播为品牌带货，同时给用户谋福利。这个模式容易形成“马太效应”，主播带货能力越强越受企业的青睐，同时企业为主播提供具有优势的优惠福利也极为重要。

达人带货：也就是 KOL 带货，对某些商品有着专业认识，对该领域的商品极为了解，成为该领域的 KOL。通过这种模式获取的用户，对主播的信任度较高，转化率有不错的表现。

（3）把握内容、广告、互动三个核心

不管是短视频还是直播带货，满足用户的需求是最主要的，也就是，说要做到内容为王，通过内容不断地去沉淀用户，使用户在关注短视频和直播的过程中，看得见、摸得着货物，感受到货物，从而促成消费。

“短视频 + 直播模式”重新定义了原有的广告的形式。原有的广告更多偏硬广或者广告可信度有存疑，而“短视频 + 直播”这种新的广告形式，可以呈现真实的产品特性，也让主播拉近了与用户之间的距离。

“短视频 + 直播”模式下的互动属性更为显现，通过这一模式，能够更加直观和全面地阐释产品的特点、卖点以及性价比。直播间的用户对主播的产品有兴趣，就会立刻去问有关产品的所有情况，这时主播运用互动性很强的方法和技巧，可以立刻回答用户询问的信息以及其他要求（见图 3–1）。

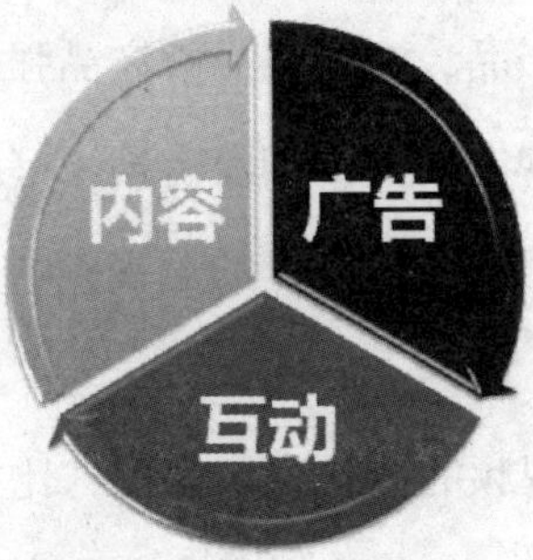

图3–1　短视频+直播模式的三个核心：内容、广告、互动

4. 品牌曝光模式：主播根据品牌方需求制作短视频在平台发布

品牌曝光模式，就是主播根据品牌方的需求制作短视频，然后在平台上发布，以实现品牌曝光。这种模式主播的操作难度相对来说比较大，需要依靠自己的用户流帮助品牌方做品牌宣传。品牌曝光一般只适合大品牌，中小企业不太适合这一模式。

（1）将品牌产品植入短视频

主播将品牌产品植入了短视频，这实际上就是内容营销。许多品牌方只是为曝光产品而曝光产品，经常将品牌产品强行植入视频内容当中，结果导致用户很排斥，品牌方的宣传却没有换来好的效果。内容营销可以将产品包装成内容，然后植入自己制作的短视频中并在平台上发布。这是一种软植入策略。

将品牌产品植入短视频的方式有很多种，比如，可以在视频场景中有意地“露”出品牌或产品，也可以在发布文案中描述品牌指定话题，还可以使用品牌指定音乐给品牌产品进行曝光等。

短视频中植入的品牌内容一定要很好地契合主播当前所播短视频的主题，同时要和主播的调性相匹配。比如，某短视频主播是专职做餐饮的，就可以接餐饮品牌方的广告，加上自己的夸张表演、美食特技，既可以吸粉，也可以帮助品牌主更好地宣传。

短视频如何植入品牌？可以采用以下四种方式。

①测评类产品“种草”植入。这是升级版的推荐，从产品的真实体验出发，对产品进行好评介绍，突出产品有意性质，诱导购买。

②短剧植入。根据资深风格及品牌诉求，进行剧情编和场景化演绎。

③才艺植入。围绕自身才艺技能进行原创或二次元创意作品，植入创意品牌元素。

④综艺植入。通过互动参与性强、娱乐性强的综艺性视频内容，植入品牌内容。

（2）植入并曝光的目的是转化

品牌方以前在投放广告时一般只考虑让品牌曝光，其实曝光的目的是转化，而短视频的形式能够承载更多的内容，有更多玩法，不但使品牌曝光，还能实现品牌转化。

以“陌陌明星”为例，陌陌在“产品优势”栏目中写道：“除了支持用户的评论、转发、点赞互动外，所有视频均携带品牌完整的转化路径，真正实现品效合一。”在红人视频的下方携带品牌转化入口，这是目前“陌陌明星”为品牌提供的主要转化途径。也就是说，除了视频中的品牌露出、产品植入外，在视频的下面还有一个品牌入口，用户观看视频后，感兴趣的用户可以直接进入品牌页面，从而更好地实现了品牌转化。这种方式显然优于传统的广告的内容质量，能够实现品牌转化，也能更好地把握广告效果。

当然，品牌转化的实现不仅考验着短视频平台的内容营销能力，更考验着主播高品质内容的创作能力。一个好的、高质量的内容不仅能让用户快速了解企业，而且能让用户产生购买欲望。高质量的优质内容需要专业的策划团队，通过对用户心理的深入探索，对品牌产品进行重新包装，以满足用户需求为目标来输出内容。

第04章

平台玩法：主要直播平台运营逻辑

相对于专业垂直直播平台，短视频、社交、电商、综合视频平台等也纷纷布局了直播业务。这对于想展开线上直播营销的品牌来说，在决定直播时，反而面临了一道选择平台的难题。比如平台调性匹配、用户匹配、流量推荐、内容制作和主播选择，等等。本章介绍淘宝、抖音、快手、拼多多、小红书、看点等几大直播平台，旨在帮助直播营销者合理选择，并希望能够以组合拳的方式获取更大的营销红利。

1. 淘宝直播：边看边买的逻辑

2016年5月12日，淘宝直播平台“淘宝直播”正式上线。该平台定位于“消费类直播”，用户可以边看边买。大概就从这一天开始，“边看边买”成为淘宝直播的运营逻辑。2020年2月13日，小米联合淘宝在淘宝直播举行小米10系列发布会，用户可以一边观看发布会一边购买小米10，也就是说，最快13日发布会当天就能买到小米10。淘宝直播边看边买的魅力再次彰显。

（1）淘宝配直播，看多买得多

与短视频和语音一样，直播只是一种工具，它作为独立的商业单元很难盈利。但是，平台引入这个工具是非常必要的。如果我们把直播和商品销售平台结合起来，就会发生“化学反应”，出现精彩的变化，甚至能促成购物形式的深刻变革。

淘宝自从2003年成立之日起，就定位为一个网购零售平台，用户到淘宝就是为了购物，选择合适的产品，其目的非常明确。同时，淘宝购物用户具有停留时间越长、换手率越高的特点。作为一个天然的销售场景，淘宝将自己与直播结合起来，利用直播展示产品，让用户可以更直观地看到产品，可以随时购买自己喜欢的产品。如此一来，用户的感觉马上不一样了，甚至有在线下商场买东西的感觉。这是因为，淘宝直播中不仅有产品，还有主播，主播不断地介绍产品并回答用户的问题，让用户看得越多，买得越多。从娱乐转变到卖货，淘宝直播表现得非常出色。

淘宝主播与其他平台的卖货方式有本质的区别。与网红不同，淘宝主播更像一个柜台员，他们在直播间向用户介绍产品，做各种演示，亲身体验并回答用户的所有问题，就像两个人在面对面交流一样，让用户有更加直观的体验。淘宝主播大多是一些网店的老板或客服，他们借助直播这个工具，加上淘宝平台的全力推动，直播卖货显得非常真实。淘宝用户以往在购物都相信图片、视频、文字，后来发现阅读产品图片和详细页面太难，与客服沟通和打字也太麻烦，此外，许多客服还设置了辅助机器人来回答问题，通常是答非所问，而且是限时回答。当直播出现在眼前时，淘宝用户不再相信图片和评论了，因为直播是实实在在的，而且省去了很多麻烦。

淘宝与直播相互匹配，以直播的形式卖货是淘宝的最佳选择，因为直播可以让企业和用户直接沟通。淘宝平台通过直接与一些直播机构签订合同，先由专业主播带动，然后鼓励有颜值、有才华的年轻人在家直播，企业在办公室直播等，从而有效推广了这一新的营销方式。

总之，淘宝拥有强大的电商属性和丰富的商品类别，完全可以依靠自身流量和外部平台流量作为流量分配的基础。通过设立直播入口，淘宝成功地将货、人直接聚集在一个场景中进行边看边买。无论是对于主播还是对于品牌方来说，抑或是对于用户而言，淘宝直播都是一个理想的在线交易场景。

（2）排名规则：指标＋点赞＋人数

运营淘宝，其实就是在做指数，做搜索排名，这是做淘宝和天猫的人都知道的事情。淘宝直播的排名规则，是根据淘宝直播间的内容质量评分来进行的，这就需要我们进一步优化指标。这一系列的指标包括销量、好评率、关键词优化、用户跳转率、停留时间，等等。在每个指标都需要经过优化之后，排名才有可能靠前，指标优化最佳者便能排名第一。

除了优化指标，直播点赞数也是淘宝直播排名一个重要考量。事实上，无论是主播还是卖家，都努力在直播期间引导和鼓励用户点赞。为此，主播和卖家需要制订一个完善的计划去发福利、发红包、发优惠券，这是淘宝直播的福利环节。诱人的福利常常引发众多用户点赞，于是排名实现了前移。

除了指标和点赞两个因素，观看淘宝直播的人数也会影响排名。所以，主播和卖家都在学习吸引用户，学习在直播前宣传造势，同时在店铺和新媒体上进行用户运营。主播和卖家们常常自己创建一个由老用户组成的社群，在每次直播前给这些老用户一些福利，让他们一直保持直播期间的在线状态。这些在线的老用户不仅保证了观看淘宝直播的基本人数，也能有效带动其他人来观看直播，从而使人数得以增加，排名将会因此前移（见图 4-1）。

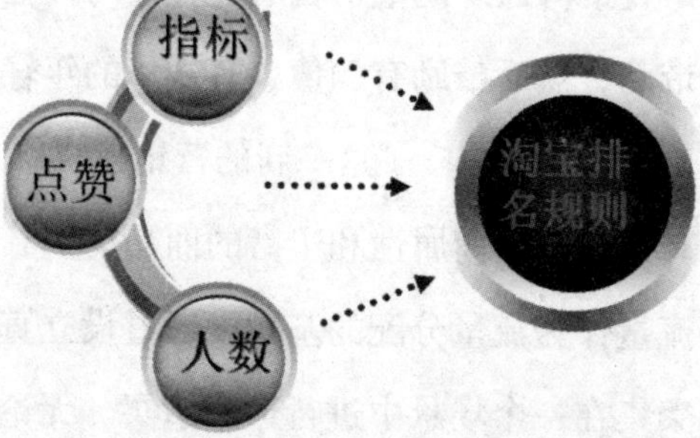

图4-1　淘宝排名规则：指标+点赞+人数

（3）运营策略：主播 + 直播 + 微博

淘宝直播有强大的流量基础，也有精准的购物群体，但要想为购买创造一个又一个理由，就需要做好运营。在运营过程中，主播、直播、微博一个都不能少。

主播是运营的重要抓手之一。淘宝直播对客服是有要求的，淘宝直播希望把每一个客服都变成主播，也就是客服要用直播的方式解决用户的问题。淘宝直播在选择主播时，要求是口才好的人，主要是喜欢说、喜欢聊天、喜欢开玩笑，而不是那种只能回答问题的人，也不是那种不断敦促赶快下单买东西的人。要想成为一个炙手可热的主播，向业内大主播学习是一个必需的过程。要努力学习同行业的大主播的方法和技巧，看看他们如何控制直播过程，看看他们在没人问的情况下做了什么有趣的事情，好好感受他们的整体直播风格。

做运营就必须关注直播。直播不需要每天开八九个小时的时间，但要保持每天有四五个小时充满活力的直播。同时，直播过程中要及时反馈大多数用户的问题，并且要积极互动，即使在没有要展示的产品时，也不要冷场，应该积极主动地和用户聊天，尽量让用户长时间停留在直播间里，留住用户才会有转化的机会。在任何时候，主播在直播过程中都要展现自己的个性，有独特个性的主播才能让用户喜欢，也有助于增加用户的信任。所以，直播是一个全方位展示主播及产品的过程，直播运营做得好，销量必然上升。

在目前的社交平台中，淘宝与微博的连接是最成功的，毕竟淘宝和微博都在一个生态圈里，可以轻松实现两边跳。开通了淘宝直播，淘宝平台就会将直播自动同步到微博上。所以，要想做好淘宝直播，就需要做好微博，尽可能地增加微博用户数量。如果微博已经积累了一定数量的用户，就可以让这些用户看每次直播，并带一些新用户到直播间中来。除了微博，微信群和朋友圈只适合发送淘宝密码，这是为直播间的指标服务。只要能把直播间的指标做上去，微信群和朋友圈的途径和方法也是可以考虑的（见图 4–2）。

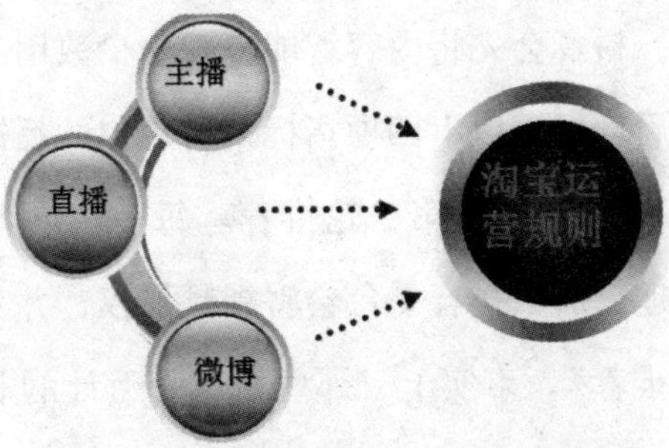

图4–2　淘宝运营策略：主播+直播+微博

2. 抖音直播：以优质内容实现变现

抖音直播是越来越火，带货量屡创新高，很多人借此赚到了人生的第一桶金，把在抖音平台做直播做成了自己的事业。抖音何以这么火？那是因为抖音平台对内容质量要求比较高，而凡是优质内容都会将其推送给相关喜好的用户。以优质内容实现变现，在抖音平台表现得尤为突出。

（1）抖音推荐机制揭秘

我们可以这样简单地理解抖音的推荐机制：从大量的视频中判断哪些视频能够引起用户的兴趣并促成其购买行为，然后将这类视频所具有的优质内容推送给用户。

抖音对于用户的判断，是基于抖音视频信息流中的关注、转发、评论和点赞这四个按钮来进行的。这些按钮用于判断用户是否喜欢平台所推的内容，不过还有一个完播率（是否观看整个视频）作为参考。在这些指标中，用户参与的成本最高的是转发，依次是评论、点赞和完播。因此，抖音推荐的权重就是这样由大到小依次排序的。

在推荐过程中，抖音会先将内容智能分发给少数用户，主要是基础用户和附近的人。然后，根据以上四项指标来看用户的反馈情况。如果用户喜欢的比例较大，抖音就进行第二轮推荐。每一次内容推荐后，如果确定用户对内容感兴趣，那么抖音平台会将视频加权，并且推荐量将逐步增加。这就是“叠加推荐”。事实上，那些数以百万计的非常受欢迎的抖音视频，就是这样被一点点加权才火起来的。

任何一段视频都不可能持续大火，热度通常持续一周左右，因为平台需要保持持续的新鲜内容。不过，如果有大量用户模仿和拍摄，视频的热度相对来说会持续更长时间。此外，在用户浏览完与自己标签相关的新鲜视频后，抖音平台会再次推荐该用户之前喜欢看的视频。

抖音推荐机制的主要逻辑在于，通过激励优质的内容，让被激励的优质内容不断生产更为优质的内容，而用户对内容的及时反馈，也有助于平台方优质内容的持续产生和输出，由此形成了内容生态的良性闭环。该机制表明，内容生产者如果能够创造出高质量的优质内容，再加上平台的推荐机制，就可以打造出一个爆款视频，从而使内容在叠加推荐中实现变现。

（2）抖音优质内容类型

在了解了抖音的推荐机制后，那么就要致力于创作出优质的内容。创作的内容要根据自身的特点和优势，选择适合自己的方式，避免内容的同质化。这里将抖音的内容大致分为五大类以作参考（见表4-1）。

表4-1　抖音优质内容的五种类型

类 型	说 明
心动类	这一类的视频能够让用户有一种怦然心动的感觉，所以转化率很高，吸粉能力也很强。但内容输出如果出现不到位的情况，就会导致浏览数据出现波动，甚至出现负增长的情况
知识类	抖音上有一群人专注于分享各类知识内容、科普知识和解读每一个领域的特点等内容。这一类的内容变现转化的效果很好，违规的风险也不是很高，其本质仍然不能离开知识类的核心内容
搞笑类	这类内容可谓神性颠倒、脑洞大开，因而容易形成爆款视频，并且还容易受到长期关注。毕竟，用户刷视频是为了好玩，开心永远是人的诉求。但这类内容的创作竞争非常激烈，同质化形象目前来看还是相当严重的
给跪类	“给跪”是当下流行的网络用语，即无法解释内心时表示“服了”，多用于表示感叹或表达心中的一种叹服。给跪类内容属于个人专长和技术的集合，这种类型的内容视频其创作门槛相对较高，正因为如此，它也是最具机会的视频创作类型

续表

类型	说明
治愈类	这一类内容比较好做，可以是萌娃的一个微笑，也可以说家里的小可爱，还可以说一个人生励志小道理。都能收获用户的点赞评论。治愈类主要是好看和好玩两类，即好看的皮囊和有趣的灵魂

内容是否有效，不仅要看质量是否高，还需要注意第二轮发布的时间选择和复盘时的数据汇总分析。在内容发布时，需要考虑视频发布的时间。一般来说，抖音多选择在晚上 8 点流量高峰时间发布。另外，内容的文案和封面也是不可忽视的影响因素。比如，标题文案不能像广告词或成语、谚语那样，要尽量口语化、开放化，以便引导用户看后参与评论；封面要尽量选择人物的正面形象或视频中最精彩的片段。在复盘方面，通过对粉丝好评率的数据分析，可以判断出内容的吸粉能力的优劣；通过对点赞播放比例的数据分析，可以判断出内容的精彩程度。这两个方面的数据非常重要，我们可以据此来调整和优化后续将要发布的内容。

其实，做抖音直播是一个不断积累的过程，需要多刷多看，学会蹭热点并掌握相关技巧。创建流行的短视频更多的是结合自己的优势，然后再把音乐和视频内容高度结合起来，以收到更好的直播效果。

（3）抖音直播带货特点

抖音直播带货特点可以从流量、选品、玩法这三个维度来分析（见表4–2）。

表4–2　抖音直播带货特点的三个维度

维度	分析
流量维度	从流量的角度来看，直播间的流量主要是通过视频作品带进来的，视频作品客观上可以起到一个过滤用户属性的作用。除了视频作品这个入口，另一个大的入口就是抖音的推荐机制，这在上面已经提到过了。这两个交通入口应该对我们有所启发，我们可以制作一些从现场直播到作品的高质量剪辑，也就是从直播中整理一些优质的片段传到作品里去。其实这也是抖音直播带货的一大特点

续表

维 度	分 析
选品维度	从选品的角度来看，抖音直播带货要比视频带货更简单，其商品大致可分为两类，一类是选择限时低价促销的日用品，如牙膏、洗衣粉等，直播时应该给用户一种现在不买就吃亏的感觉。线下超市排队付款买东西就是这样的场景。另一类是导购产品，导购产品的特点是不容易用短视频显示效果，因此要给用户比较长的时间，比如颜色都差不多的口红、隔着屏幕闻不到的香水等，像这样的产品就有必要通过主播的现场演示和话术，来展示和引导用户下订单
玩法维度	从玩法来看，直播和视频的玩法类似，细节上有些不同，主播带货猛已经是圈子里的常识了。能通过互联网带货的玩家，信任流量或现金流主播至少是占一样的

（4）入驻要求与新人权重

现在抖音的入驻程序比较简单，不需要挂靠任何机构或组织。抖音已经取消了以前的必须有一定粉丝数量的要求，只要账号经过实名身份验证时就可以直播。

开通直播的操作方法是单击底部栏中的加号，然后会跳出一个界面，界面右下角有一个开直播的选项，在此处登记认证就可以开通直播。开通之后，可以选择手机直播或电脑直播，比如电脑直播的游戏直播方式。打开已经选择的直播渠道和方式后，就可以直播了。

直播开始后，不管主播播的是什么，都会慢慢有粉丝去喜欢的，只要主播讲究方式方法，全力投入去做，就会将很多人逐渐变成你的粉丝。粉丝喜欢主播是因为主播的个人魅力，这里面除了主播对自身综合素质的打造，直播前的准备工作也是必不可少的。这些方面将在本书的后面设专章予以讲述。

抖音非常看重直播新人权重，具体来说，新人必须在10~15分钟之内将直播间的积极性调动起来，平台的系统会对此进行识别，然后确定新人的直播间是否为高质量的直播间。如果在单位时间之内没有一定互动行为，系统会判断直播间的权重不是很高，后续流量可能也不会太大。基于此，平台将慎重考虑为这样的直播间做内容推送。

在直播开始之初，做好热身互动是非常重要的。如果粉丝能够积极参与互动，那么整个直播间的权重就会上升。事实上，不管是抖音还是淘宝、快手，这些普通的系统都是通过开场的数据、粉丝停留的时间、分享转发量、互动频率来确定直播权重的。衡量权重并据此采取下一步措施，是每个平台的常规做法。

对于大多数人来说，之所以不能制作出高质量的直播内容，是因为没有经验和自信，这是一个致命的问题。任何的所谓秘诀，其实不外乎每天练习基本功。基本功不能保证一个人致富，但基本功不扎实则一定是他辛苦无果的根本原因。所以，对于有志于做抖音直播的人来说，唯一的出路就是刻苦练习，比如把要销售的这款产品试做 N 多次直播介绍，尤其是对于没有资金、技术和资源的“三无”创业者来说，勤学苦练是唯一扭转局面的方法。这一点不仅适用于抖音直播，对直播带货行业的所有人都具有普遍意义。

3. 快手直播：非常强大的带货基因

创立于 2011 年的快手，在直播带货领域后来者居上，成为表现非常好的一个平台。快手的带货基因非常强大，甚至是所有直播平台中最强大的一个。快手就像一个老铁文化社区，人与人之间的沟通和社会关系更为紧密，这就是快手带货基因强大的本质所在。快手的“老铁经济”创造了一个又一个带货神话，那些喜欢看评论、与主播互动的快手用户给快手电商带来了更多的转化。

（1）普惠式算法：让每一个人都能绽放

快手是针对普通人开发的一款产品，其普世创始观在诞生之初就被植入了快速产品之中。快手的企业核心价值观一直是明确和坚定的，那就是鼓励用户分享他们的真实生活。基于这样的一种核心价值观，快手算法既保证了优质产品的不断曝光，又沉淀出了一个具有很强人际社交关系的网络，构成了一个个相对独立的小社群，最后形成了一个去中心化的社群网络结构。

首先，保证优质产品的曝光。快手早已意识到了社区生态系统的分化风险和贫富差距风险，这些风险可能导致流量过度集中在头部大号中。于是，快手将经济学中衡量经济贫富差距的基尼系数引入社区生态调控中，作为普惠战略落地效益的量化指标。在每一种内容分配策略中，都有基尼系数的限制性评估，以避免内容生产者之间的贫富差距过大。在快手平台，即使是没有粉丝的内容生产者发布的视频，也能被一定数量的人看到，从而保证了内容的充分曝光。

其次，快手给予每个人一个平等的入口，以确保普通人被关注的热度。在视频刚刚发布时，快手会自动分配流量给新视频。如果这个视频作品受欢迎，热度增加，那么曝光机会也会增加。在这个过程中，热度权重对优胜劣汰起到一定的作用。当老视频的热度下降到一定阈值时，曝光机会将继续减少。此时，热度权重所起的作用则是“选新除旧”，将老视频中的一部分将投入到新视频中，以确保新视频的曝光，从而达到热度与时效性的平衡。在快手的“同城”搜索引擎中，用户几乎可以敲出中国任何一个县城的名字，从中我们可以看出快手下沉的坚定决心。

最后，快手在新作品发布时，会分配200~300个流量进行小范围曝光测试，然后根据用户偏好、评论和播放次数来评估新作品的热度。如果热度足够高，达到了一定的阈值，那么就给它贴上标签，再进行更高级别的覆盖，直到进入发现页面，在整个网络进行分布。快手的去中心化普惠社群打造了一个反脆弱网络结构，有助于抵御对手专横的进攻。快手在下沉市场的第一优势，将使行业增量继续从市场下沉，这有助于未来挖掘直播及增值业务。最重要的是，快手的普惠算法决定了其商业生态系统非常丰富，变现模式也更加丰富。

快手的普惠式算法让很多做内容业务的企业获得了成功，因为快手不会忽略任何一个新用户，不会让他们的内容陷入无回声的状态，即使只有很少的几十个播放量也会格外关注，这让新用户们非常高兴。

（2）老铁经济：基于信任的超强带货能力

“老铁经济”是快手最为显著的特点，快手主播们自上而下一直在默默推行老铁制度，内容创作者更关心的是能否通过各种互动方式与粉丝互动。主播越是让粉丝们感到亲切和没有距离感，就越会对主播产生黏性和忠诚度。

快手主播们都有很强的用户积累意识和能力，致力于建立“老铁关系”。这对于品牌方来说是一件好事，品牌方在选择快手作为直播阵地时，无疑会需要这样一个能足够深扎的老铁主播。快手老铁源自快手与用户之间的情感表达，这是一种长期交流、长期陪伴、长期相互欣赏的真情流露。老铁关系成就了快手，正是这种基于短视频内容、兴趣关注、长期相互交流、朋友般信任的独特老铁关系，打造了快手不同一般的商业生态系统。

快手老铁经济是网民之间产生的情感与信任，然后自然产生了交易。这样的交易速度更快，也更有黏性、更忠诚。如果进一步探讨，我们将发现快手平台更深层次的带货基因。这个基因就是信任，它是快手直播带货，也是一切商品交易最为重要的基础。

快手建立信任的前提是真实。首先是“人”的真实。快手上的用户可以是卡车司机、煤矿工人、辅助教师、杂技演员，也可以是4S店的销售员等。他们不是包装出来的人设，而是活生生真实的人，他们通过记录自己真实的生活来表达自己真实的情感。其次是“内容”的真实。人们看快手的内容，看不到太多的运镜、转场等特效，而是更接近现实世界的内容。正是因为真实，所以才能建立起信任。而有了信任，快手的老铁们就形成了有温度，有信任度，有忠诚度的深厚关系链。

对于快手的真实，快手创始人程一笑曾经说过：“快手不为明星存在，也不为大V而存在，而是为最普通的用户存在，让内容做得好的人不断在头部露出，希望每一个用户都能在快手上找到自己的幸福感，或者被关注，或者被理解，或者获得成长，或找到跟他产生共鸣的人。”普惠的最根本逻辑是，每个人都值得被记录，不只是明星和大V的生活需要被记录。

快手上有一位拥有近180万粉丝的藏族姑娘格绒卓姆，只有小学文凭的她在快手发布的视频大多是她挖虫草的画面，有时候还会现挖现吃。利用快手直播，她在一个月的时间里就帮助自己的村卖了30多万元的虫草，快手老铁们亲切地称她是“松茸西施”。这个故事说明，快手是一个展现基层人民淳朴风情的一个平台。没有人工美颜，有的只是真实。

快手这样的平台能够建立起信任关系，准确地将商品推送到目标用户手中。这样的平台带货能力强，也是不足为怪的事情了。

4. 拼多多直播：帮助企业和主播快速实现裂变

2019 年 11 月 27 日，拼多多首次上线就吸引了 10 万多人观看，自此进入平台直播带货领域。2020 年 1 月 19 日，拼多多平台宣布“多多直播”正式上线。虽然刚刚起步，但拼多多平台沉淀了庞大的用户群，意味着多多直播未来发展的巨大潜力，这无疑也是中小企业和主播的一个巨大的新机遇。

（1）定位：低门槛 + 高转化 + 玩营销 + 私域流量

拼多多对于多多直播的定位是一个工具，即低门槛、高转化率、丰富的营销玩法、私域流量运营的工具。其中，低门槛意味着门店只需满足 DSR（网店评分）标准、押金和绑定银行卡；不违规三个条件；高转化率意味着直播流量转化率是图文流量转化率的 2~3 倍，这是拼多多生态系统中的衡量指标；丰富的营销玩法意味着帮助大家去做变现实现；私域流量运营是为了促进私域流量的转化，让大家通过使用私域流量来增加利润。

多多直播的这个定位，旨在能够帮助企业和主播快速变现。多多直播希望帮助企业和主播形成稳定的粉丝群，而不是培养网红主播，因而多多直播更加注重让产品本身直面消费者。

（2）玩法：把握入口位置，在微信生态实现裂变

多多直播的直播方式不同于淘宝、京东等平台。首先要把握好入口位置。多多直播的流量入口有官方首页、多多果园、搜索页面、关注店铺等，这些入口遍布在用户行为轨迹的每个环节，让用户在每个环节都有许多直播节目可看。其中，在官方首页入口，这里的流量等级必须很高；在多多果园入口，这里的用户属于高频高黏度的用户，他们玩得很多，而且流量焦点很大；在搜索页面入口，如果店内有直播，就会显示“直播中”的标签；在关注店铺入口，会优先考虑正在播出的店铺，所以对引流转化都会有很大的帮助，能够进行精准推广。除了这些入口外，还有其他的入口，如现场的营销活动页面、焦点摊位、每天收现金的红包等，这些入口同样可以展示视频内容。

其次是在微信生态系统实现裂变。拼多多是从社交起家的，因而多多直播也与社会裂变密切相关。多多直播使平台社交属性的产品形态更多样化，为商户提供高转化率的营销工具，并增加了用户发现需求的可能性，提升了用户下单的概率。在拼多多内部看来，多多直播是企业和主播运营私域流量的一个工具，是一个“行走的直播间”，意思是说，多多直播可以在微信生态系统中做裂变共享，而多多直播的使命就是帮助企业和主播更好地在微信系统中裂变。

事实上，多多直播在裂变方面开发并应用了许多方法和产品。比如，将商店消费人数或直播间用户人数从 100 人变成 200 人，以前只有依靠广告宣传才能做到；而现在，企业和主播可以在微信群和粉丝群做裂变，并使用一种成本更低的方式来获取运营流量。又如，多多直播的主播都在使用红包裂变的方式，即以现金红包来吸引用户的注意力，并分享给好友来助力。此外，多多直播可以在任何时间拼单，用户只需点击直播间中的购物车按钮即可参与拼单选购。

（3）多多直播两种类型：企业直播和达人直播

这里先简单介绍一下多多直播对于首批入驻的 MCN 机构所设置的条件：第一，为保证资金正常结算，MCN 机构必须具备开具文化服务费、其他经纪代理服务费、直播服务费、演艺服务费类目的增值税专用发票的资格，才能申请入驻；第二，需要在以往的其他平台中拥有丰富的电子商务经验或专业PGC（专业制作内容）达人；第三，第一批只接受MCN型组织入驻，而个别零散的人将来才能入驻。此外，拼多多官方还提示MCN机构填写详细信息，包括填写入驻人员的详细信息，以免审核不通过。机构名称、机构标识、主体名称、统一社会信用代码、营业执照、法人名称、法人身份证号、法人证件照、联系方式、入驻申请人等9项内容是MCN机构在申请时需要填写的。基于这种情况，正在观望多多直播的人最好不要先申请入驻，待自己的团队充分准备并符合上述条件后方可申请。

多多直播有两种直播类型：一类是企业直播。企业有自己的商店和产品，他们开通直播许可后，需要结合拼多多企业版创建直播。另一类是达人直播，也就是主播直播。目前，拼多多已经开始招募企业和达人，鼓励组织和主播落户多多直播，进行直播带货。其中，招募的主播类型不限于娱乐主播，还招募游戏主播、户外主播、电商主播，以及其他具有良好绿色内容的创作者。

主播直播比企业直播更方便，可以通过拼多多应用程序App多多直播的入口发起直播。但要进行带货，你需要绑定多多金宝的账户。拼多多创建了度多金宝网站，主播可以在网站上查询每款产品的佣金，也可以在网站上搜索该产品，并将自己想销售的产品添加到直播间进行直播带货，从而赚取佣金。

目前，拼多多平台是免费的，不收取任何费用，最大化出让利润，主播可以获得尽可能多的佣金。同时，拼多多小二进行相应的全过程指导，帮助做售后支持、运营指导和数据分析等。

拼多多小二一般会认为，直播间里没有流量，原因在于商品本身的重量不够。也就是说，店铺本身的私域流量不够。为此，拼多多正式为直播间提供了一种私域流量营销工具，即现金红包。企业在后台设置红包总量、红包数量、红包开启时间后，红包图标将显示在直播间的右上角。用户点击后，需要关注直播间领取红包，然后页面提示“邀请好友助力拆现金红包”，并邀请更多朋友参与，以提高红包抢夺成功率。这样就可以利用用户微信群和微信朋友圈，给企业直播间带来更多流量，帮助企业增加用户数量。同时，当用户等待红包被移除时，直播间的停留时间也会相应延长，这也有助于提高转化成功率。另外，直播间利用这一营销功能，还将获得拼多多 App 定向推送的店铺粉丝，从而获得一定的平台推荐的流量。

此外，多多直播还采取了分级经营的经营机制，近 7 天商铺直播总销量等于或大于 35 万元的头部主播和近 7 天商铺直播总销量等于或大于 7 万元的腰部主播，在使用拼多多和多多直播工具、数据管理工具、果园 NPC 广告优先购买、平台流量分红等方面有一定倾向。

5. 小红书直播：较强的社交种草和笔记基因

小红书是女性社交内容种草平台，天然具有很强的社交种草和笔记的基因，主要以图片和照片的形式记录生活和日常分享。小红书用户看到种草内容后，有了需求，并且知道了一个品牌，然后他决定选择这个品牌，直到最后下订单，这是一个闭环。在小红书平台的系统内，闭环过程可以让用户一步到位。

（1）打造从种草到拔草的闭环

种草是小红书最常见、最基本的方式。小红书以前承载着许多种草环节，加入直播功能后，可以直接形成从种草到拔草的闭环。对于平台上的创作者来说，是机遇也是挑战。

所谓种草，就是用户首先与他人分享，对商品、景区、电视剧、电影等的消费体验有一定的了解，然后在受到这样的心理影响后进行消费。也就是说，用户要想在小红书种草后获得满意，就必须回到现实生活中去体验即去拔草，这样的消费链才能形成完整的闭环。可以这么说，小红书凭借丰厚的流量红利将种草化于无形。

具体方式如下。

①上线创作者中心，推出笔记投放工具“薯条”。小红书异常关注创作者的各种困惑。比如，如何找到内容方向、如何看到笔记的相关数据。之后，小红书会内测“创作者中心”，包括数据模块、工具模块和服务模块。用户不仅可以观察到自己笔记的阅读、互动等数据情况，还能查到笔

记的相对数据曝光，包括相对其他笔记或相对用户之前发布笔记的曝光情况。同时，视频创作者还能看到粉丝具体在哪个节点关闭了视频，以此来优化自己的内容。借助工具模块，创作者和粉丝更容易沟通。比如，评论管理和私信快捷回复。服务模块是小红书推出的创作者小助手，用户可以在第一时间看到官方举办的活动，以及24小时专属客服提供服务。此外，小红书还推出了笔记投放工具“薯条”，帮助创作者完成内容冷启动。用户可以通过这一功能选择推广人群，最低投放100元，最快1个小时即可完成投放。

②针对不同阶段的创作者，推出线上公开课“创作者学院”。小红书官方会不定期地举办线下分享会，邀请优秀的内容创作者分享自己的经验和心得，帮助更多用户优化内容。2020年3月，小红书上线线上公开课“创作者学院”，给不同阶段的创作者提供了多样的课程，比如，成长期的小红书达人如何快速涨粉、成熟期的创作者如何更好地发挥个人的价值等。

③升级品牌合作平台，MCN机构和独立创作者都能完成接单。品牌合作平台于2019年12月开始内测，目前支持品牌直投和代理商投放。品牌可以线上下单，也可以与创作者双重确认交易和支付链路。数据显示，目前品牌合作平台已经入驻超过1万个品牌。

④入局电商直播，粉丝可实时购买产品。小红书开启了互动直播平台的内测，为创作者提供和粉丝实时互动的通道。小红书直播不仅采用“直播+笔记”、连线、红包等玩法，还支持电商直播，界面有电商直播、直播货架和直播商品页等。

⑤上线MCN机构管理后台，推出“超级大薯”月度流量包。小红书上线的MCN机构管理后台，可以跟旗下的达人账号进行关联，及时查看账号数据波动情况，包括内容数据、涨粉情况、实时回复等。在此基础上，小红书推出了“超级大薯”月度流量包，MCN机构可以通过这一工

具为达人投入成本。

⑥推出“明日之星计划”，用10亿专项流量做10个超级账号。小红书拿出10亿流量，做10个头部账号，跟综艺、网剧合作，推出了“明日之星”计划，给更多创作者释放出更多的机会。

（2）小红书直播的多种玩法

直播是创作者与粉丝实时互动的渠道，也是电商行业的标配。直播考验着平台是否有能力实现直播，这对主播来说是一个很好的机会。作为吸引众多女性的平台，小红书在直播中的玩法如表4–3所示。

表4–3　小红书直播的几种主要玩法

玩 法	分 析
直播+笔记联动	这种玩法就是创建者发布的笔记可以与主题页中的直播内容相呼应。早在2019年6月，小红书就尝试了内部测试直播功能，并邀请了部分人才参与体验。早期的内测考验的是主播和粉丝在直播中互动，分享日常生活。小红书开通电商直播后，将采用直播+笔记联动的方式，同时支持电商直播。界面将包括电商直播、直播货架、直播产品页等内容
直播连线	主播可以向其他在线主播发出连接邀请。接受邀请后，两个主播可以在同一屏幕上相互连线，进行实时互动交流。连线开始后，两个直播间的画面将呈现在同一屏幕上，双方粉丝都能看到，这就增加了直播间的曝光和互动，同时实现主播之间的粉丝交流与互换
直播带货	对于在小红书开过官店的品牌，可以设置直播带货。用户在直播间观看直播时，点击直播间商品列表中的“去购买”，即可跳转至详细业务页面，从详细业务页面获得主播设置的现场特价券。主播正在讲解的商品将以商品卡的形式向留在直播间和新进直播间的用户弹出呈现。如果用户在浏览详细业务页面时下单或在7天内下单，主播将获得相应的佣金收入
合作方式	合作方式主要指的是与优质内容创作者进行直播合作。众多内容创作者可以与主播进行联合，围绕品牌推广需求策划品牌主题页活动，为品牌推广造势，通过互动直播，让品牌直接触达目标受众
联合开通直播功能	即与特别合作企业联合开通直播功能。为了从不同维度进行种草，品牌代理、专业导购、优质KOC可以通过企业号向粉丝直播，也可以通过企业号与主播互动连线的方式进行直播，从而实现种草

续表

玩法	分析
直播间实物抽奖	直播前，主播可提前宣传会赠送实物礼品，奖品由主播提供。点击直播间右下角的抽奖图标，设置抽奖和用户参与条件。具体奖项包括：直播间礼品，小红书平台提供了不少原创的酷礼，是用虚拟币（薯币）定价的，粉丝在送礼前需要充值并购买虚拟币，这些礼物属于主播；直播间红包，主播和用户就可以发红包和抢红包，所获得的都是虚拟币，虚拟币可以通过充值获得，可以用来为主播刷礼物或在直播间里制作红包；直播间设有小助手，主播可指定自己的粉丝或朋友担当，来帮助主播维护直播间秩序，提升直播间氛围。小助手有权处理不友好的评论，帮助主播回答问题，还可以组织抽奖等

6. 看点直播：去中心化——让用户选择

腾讯推出看点直播，是为了在腾讯的渠道中发布更多高质量的内容，既让内容制作商盈利，也让腾讯的内容系统形成闭环。看点直播的核心是去中心化，这是它的一大特色。去中心不是放弃中心，而是让用户选择中心，让用户依靠中心，由中心来决定用户。这个自由的方式允许任何人成为中心，没有任何强制性的要求。该模式能最大限度地提高效率，是一个有潜力的模式。

（1）多角度看点直播的优势

看点直播不仅是直播带货的现场，也是引导用户分享并产生裂变的舞台，进而将裂变用户沉淀到个人私域社区，从而完成整个社交流量变现的闭环。下面我们从多个角度来看看点直播的优势（见表4–4）。

表4–4　看点直播的优势

优势	分析
平台优势	从平台角度看，腾讯作为中国互联网巨头，具有很强的公信力。看点直播可以依托腾讯整个生态系统的流量资源池，而腾讯则用30亿元现金发送给看点直播室
流量优势	从流量的角度来看，看点直播以去中心化的流量分配机制，打造了个人私域流量池。每个主播不需要养号吸粉，都可以利用自己的微信私域流量套现
转化优势	从转化角度看，看点直播用户极具黏性，因为它是基于微信生态系统的直播，是一个缓慢地从个人私域流量池向外一圈一圈扩散的状态。同时，看点直播退货率较低，因为它是大品牌，个人IP信任度也高
产品优势	从产品功能来看，看点直播每次开始直播，都会自动推送订阅直播的粉丝，在直播过程中分享和引导订阅，从而逐步积累了更多的直播粉丝

续表

优 势	分 析
从业优势	从从业者的角度来看，直播带货不仅是销售，更是用户量的增加，可以进一步提升品牌形象；同时可以激活企业自己的私域流量，从而进行多元化渠道销售；对于个人来说，在家里创造额外收入，创造个人IP，可以为未来发展铺路
用户优势	从用户的角度来看，看点直播支持微店和京东链接，用户可以边看边下单，无须下载其他的App应用，无须跳过屏幕画面，购买更为方便快捷

（2）去中心化背后的向善之心

看点直播通过支持电商接入小程序的方式，实现直播带货，将电商扶贫引入到脱贫攻坚工作中，可以让更多的人了解公益活动和扶贫产品。通过小程序实现的直播带货，其本质是基于社交强关系和优质内容的去中心化，不仅使带货内容展现得更加生动形象，给用户以更好的购物体验，还可以让内容直接触达用户，从而提升转化率。这其实是为搭建“直播＋电商＋公益”模式奠定了基础。

我国很多地区有着丰富的土特产和民族传统工艺资源，而“直播＋电商＋公益”模式可以助力解决精准扶贫工作，开展社会公益活动。位于阿坝羌族自治州马尔康市的日部乡，这里菌类作物蕴藏丰富，但交通极为不便，乡民生活贫困。看点直播曾邀请知名演员胡可为日部乡农特产开设了公益直播专场，“小小包麻麻”“321广场舞”“爱风尚”等头部公众号主也分别在看点直播开设了扶贫直播专场，以帮助更多扶贫地区售卖特色商品。

事实说明，看点直播的“直播＋电商＋公益”模式不仅可以扩大销路扶贫产品，还可以赋能明星、主播，让直播带货充分发挥出自身影响力，同时也方便了更多用户深度参与公益事业。做到这些，是因为看点直播利用科技手段打破了时空隔阂，依托腾讯所独有的互动技术将帮助与被帮助的人紧密连接起来；更重要的是反映了看点直播的向善之心，有助于唤醒大众内心的普善价值观，为真正实现“全民公益”提供了更多可能。

第05章

入局必知：直播带货的五大法则

直播成为电商新出口，众多电商平台和企业纷纷试水网络直播营销，大家都知道这是一个新的机会。但机会并不等同于成功，许多人步入直播电商后才发现，做好直播并非易事，尤其是从未接触过直播的人。要想做好直播带货，就必须把握好直播的影响因素，即流量、人、货、场、复盘。这是直播带货的五大法则，希望能给入局直播电商的人带来帮助。

1. 流量：流量为王时代，流量是第一生产力

无论是眼下大火的短视频，还是以电商为主的淘宝平台，或是朋友圈卖货的微商，都格外重视流量。流量为王的时代就是抢流量的时代，流量才是第一生产力。对于想入局直播带货的新人来说，抢流量尤其是个技术活。

（1）建立私域流量：定位 + 用户 + 内容

所谓私域流量，是指品牌或个人通过自身运营获得的流量，可以自由、直接、重复触达的流量，QQ 号、微信号、社群里的粉丝或用户都属于私域流量。与之相对的是公域流量，是指品牌或个人无法控制的巨大流量池，淘宝、京东、拼多多、携程平台的粉丝或用户属于公域流量。

私域流量的用户黏性更高，转化率也更高。建立私域流量，无非几种方式：从公域流量里面捞流量到自己的私域；从别人的私域捞流量到自己的私域；在自己的私域进行裂变，扩大流量池；把产品做得有自传播性。做直播带货，建立私域流量的方法是很多的，这里介绍几种比较容易操作和常见的途径和方法（见表 5–1）：

表5–1 直播带货中建立私域流量的方法

方 法	操作要点
价值定位	明确自己的个人价值、个人优势，然后发挥这些价值和优势，做有针对的分享，吸引用户。比如，提炼出自己擅长的、具有专业水准的内容进行输出，以此建立信任感，赋予别人价值，从而实现精准引流。定位需要不断思考面向什么样的人群？满足他们什么需求？能提供给他们什么价值？互相能提供什么等

续表

方 法	操作要点
找同类人	“用户在哪里”是我们要不断思考的问题，是朋友圈引流，小红书引流，还是微博引流？其实同类人分布在很多地方，社交平台上就有很多，我们可以利用地推的形式，在微信、微博、QQ、小红书等社交平台导入流量。利用微信群可以采取地推的形式扫码免费送，获取流量的概率也是很大的。微博引流可以在微博发动态，将微信群、微信公众号或个人微信号等二维码放在上面，只要在发布动态时说明是什么群就行。利用QQ群可以通过搜索加进来，用QQ引流来打造自己的私域流量。利用小红书可以通过优质内容导入精准粉丝，但内容引流是一门大课，需要好好学习
内容设计	优质内容足以吸引用户，实现拉新和留存。优质内容应该阅读顺畅，给用户更好的阅读体验；并且是原创内容，尤其是具有独立思维的原创内容更为重要；也包括写出专业的内容；还有文章的段落、字体设置及排版等都非常规范。值得注意的是，如果发布内容的平台有标记选项，要添加适合自己的标记，否则流量不准会增加后续实现的难度，另外，平台算法上也无法确定内容发布者的账号属性。内容为王时代下，优质内容已经成为引流利器。通过持续输出优质的内容对用户进行精细化运营，能够深层次触达用户，“圈”住用户，为流量变现打下基础

（2）让流量变销量：互动 + 质量 + 育人

在带货主播的世界里，拥有大量粉丝是能力和身份的象征。有一批忠实的追随者，这意味着销量会上升，企业也会蜂拥而至。要将流量转化为销量，我们应遵循以下几项原则（见表 5–2）。

表5–2　将流量转化为销量应遵循的原则

原 则	实践指导
加强互动	直播带货中，现场互动交流要注重技巧。带货主播不仅要把好产品质量关，还要积极帮助用户计算折扣和推荐优惠。通过积极有效的互动，用户可以在最短的时间内买到质优价廉的好产品；主播则可以增加用户的黏性，最终提高销售转化率。主播在介绍产品时要时刻关注用户的点评和提问并及时回复，同时也要充分发挥红包等福利功能，以增加互动性
以质取胜	直播带货，须以质取胜。很多人在直播间大说特说自己的产品价格低，但低价是一把双刃剑，如果销量增加而劣质品频出，不仅有损自身形象，对行业也会产生很坏的影响。另外，过多的折扣也不利于品牌形象和美誉度。因此，平台方要始终把用户利益放在第一位，从供应链、流通链等全链条进一步完善“消费者权益”的保护机制；主播个人也应该对产品有一定的质量要求，实现真正意义上的销量增加

续表

原则	实践指导
注重育人	要重视人才培养，打造“头部主播”。著名主播的火爆程度自不必说，可惜这种主播很少，大多数人都是普通主播。专家建议，为了行业的健康发展，相关职业院校应该和电商平台开展定制化培训，填补人才缺口；行业方面要建立行业协会，建章立制、出台规则，提高从业门槛和标准，对主播进行培训并持证上岗；特别是主播个人要加强学习，提升内功，日臻完善。兹事体大，带货主播不可不知

2. 人：除了才艺和颜值，实现交易才是重点

直播电商中的“人”包括主播和 MCN 机构。主播包括素人、网红和明星；MCN 机构包括内容 MCN 和电商 MCN。本节主要讨论主播。

过去的主播，往往是在直播间展示才艺获得打赏的秀场主播，而带货的电商主播则完全不同，他们以带货为目的，在直播间展示商品，促成交易。因此，除了才艺和颜值，能不能真正实现交易才是重点，这是考验一个带货主播的核心要素。

（1）卖货主播两大类：专业 KOL 和店铺主播

从直播带货整个行业来看，卖货主播主要有两大类，即专业 KOL 和店铺主播。专业的卖货 KOL 有一定的粉丝黏性，这与娱乐主播强人设属性不同，粉丝对商品的关注度很高；店铺主播除了个人店更类似于专业 KOL 这种情况外，本质是线下导购的线上化，但面对的用户群体和形式与线下导购不太一样。

据行业数据及专家分析，抖音短视频带货达人在 2019 年占据了 50% 的份额，而拥有 300 万以上粉丝的红人层级中，带货的红人占比份额超过了八成。随着粉丝的下降，红人带货的比例也逐渐下降。所以抖音的用户对于达人带货一般都是接受的，达人是否受欢迎，关键是他们是否掌握了销售生活用品的能力。快手也是直播的沃土。平台有 1/4 的红人进行了现场直播，其中大部分是拥有 10 万 ~30 万粉丝的红人。在拥有百万以上粉丝的高价值红人中，做直播的红人占九成。随着粉丝的下降，直播红人的

占比也逐渐下降。从直播频率看，平均每周直播 5 次，平均单次直播时长近 2 小时，反映了红人都比较勤奋。直播带来了非常强劲的私域流量，快手的用户对于红人带货也是都喜欢接受的，这除了红人本身具备一定的销售能力外，快手成熟的挂榜涨粉机制也为冷启动的新电商创造了一条更快的涨粉路径。在头部主播的盈利效应带动下，大批兵马蜂拥而至，带货主播和 MCN 机构搏击蓝海，呈现百舸争流之势，共迎关键红利期。

值得一提的是，人力资源和社会保障部在新增的 10 个岗位中，增加了“网络营销员”专业下的“现场销售员”工种，这就是我们常说的“带货主播”。这推动了劳动方式的转变，“活推销员”得到了认可，这体现了新业态的应用和普及已经融入到人们的日常生活中。

（2）直播间里的人与人设：主播 + 产品 = 卖货

主播是直播带货过程中非常重要的一个元素。只有在直播间里与用户持续地互动并最终实现转化，才能称之为合格的主播。因此，作为“带货”的主播，他的人设应该与产品相结合。一个优秀的主播不仅要在直播中自由地展示自己的才华，而且要在带货时介绍自己的产品甚至整个行业。只有这样，他才能说服用户并实现转化。

主播人设定位要精准垂直。这绝不是异想天开、一蹴而就的事情，带货主播创造什么样的人设，产品形象就在用户心目中是什么样的。所以，带货主播的人设必须与自己的实际情况和产品相结合。如果卖衣服连衣服的面料都说不出来、卖美容产品对化妆品和皮肤质量一无所知，那么这样的人设无疑是失败的。

除了对产品有很好的了解外，带货主播也需要有一定的销售能力。所谓销售能力，并不是说主播在直播间通过和用户聊天就可以销售产品的，而是需要展示产品的亮点，了解用户的心理，这需要成熟的销售技巧；更重要的是，带货主播要善于挖掘用户的内在需求，尽可能满足用户的需求。

人设包括哪些方面?

①主播定位。只要是能够做主播的人，都是相信有自己的闪光点，凭这些闪光点，就能被粉丝喜欢。因此，可以和粉丝聊天，了解他们到底喜欢你什么。之后，就可以将这些喜欢的点当作你的优势和定位。

②主播和直播间命名。主播的名字可以让粉丝知道你是谁，可以让粉丝知道你到底是做什么的。因此，给主播和直播间命名时，要有自身的特质、定语、店铺产品的特性。比如，出身在翡翠世家的刘大哥、非诚勿扰女嘉宾菲菲、胸大的内衣达人熊熊等。为了吸粉，就要这样定位，越精准越好。

③粉丝昵称、粉丝团昵称、粉丝群名称。在直播间，很多主播对粉丝的称呼都是“宝宝”。其实，很多粉丝都反感被这样叫。叫粉丝时，要么直接叫他的名字，要么就给粉丝取一个专属名称。粉丝团和粉丝群同样如此。

④自我介绍。想让更多的粉丝记住你，就要先找到和粉丝之间的信任和共鸣。这里的信任来源于你的专业。比如，你以前学过的专业、以前从事的职业。共鸣，则来自你过去的经历、爱好或情感和观点，将这些内容直接告诉用户，就能获得不少粉丝，还能让你的人设更加立体和饱满。

⑤直播间介绍和欢迎语。每个直播间的主播的定位都不尽相同，如果想让新进直播间的粉丝快速了解你，就要对直播间有个特别的定位。你要明白：直播间的特色是什么?属于哪个频道栏目?每天在什么时间段播出?当天要讲哪些内容?直播完了后，第二天要给粉丝带来哪些内容?优秀的主播一般都会在直播间重复这些话，以便吸粉。

3. 货：选择好的供应链、选择好的商品

直播电商中的“货”包括品牌方和供应链。目前，部分高阶电商 MCN 对品牌方和供应链有把控力，供应链能力逐渐被强势电商 MCN 所内化。

对于带货主播来说，“货”的问题关键是选择供应链和商品，好的供应链能让带货主播在保证商品质量的基础上最大限度地实现盈利。

（1）注重供应链能力，选好供应链

看任何一个行业都不能只看头部企业，各行各业都有盈利的企业，如果不了解其背后的商业逻辑，大多数人只能成为炮灰。具体到直播带货行业，最有价值的不是主播而是“货”本身，而货又与供应链息息相关。无论主播多有名、多有口才，用户最终关心的还是商品的质量、价格和物流速度，而这背后考验的就是供应链能力。

带货的特点是大部分商品都是价格低廉、政策优惠的高频日用品，对于这样的商品，用户的决策成本很低，冲动消费的贡献很大。这也就是说，直播带货的真正门槛和核心竞争力是能否从供应链中获得足够的价廉物美的商品，而竞争的关键是供应链能力！

对于带货主播来说，真正的供应链必须是 B2C 平台，比如京东、淘宝、天猫、阿里巴巴等老资格互联网平台，因为这些 B2C 平台符合供应链逻辑，即连续链接、信息共享、无限放大。其实说白了，带货主播所指的供应链，是经过多年沉淀的选购团队和优质供应商的资源，加上私域渠道优势吸引的一些优质的商品和供应商，归根结底都是供应链经历和经验的

长时间沉淀。

（2）不怕用户少，就怕货不好

目前，带货主播可带的货已经呈现出了百花齐放的局面，涵盖了女装、男装、美容化妆、鞋包、配饰、食品、家装、小家电、农产品等门类，甚至出现了“车”“房”等类别在线直播销售的现象。事实上，当用户在直播间购物时，优质的产品可以加深用户对主播的信任，产生再购买欲望。但是，如果是劣质产品，既不利于主播带货，也不利于塑造主播的良好形象，更有损害于品牌声誉。正所谓“不怕用户少，就怕货不好”。

对于直播带货产品的选品方法，下面是直播卖货中常常会用到的技巧，利用这些技巧（见表5–3）有助于主播选择合适的产品，从而提升转化率。

表5–3　直播带货的选品方法与技巧

方法与技巧	要点提示
选择与账户属性关联的产品	以美容为主的账号为例，选择与美容相关的产品，一方面是因为主播对产品的熟悉度很高，另一方面也符合粉丝对账号的期望，这更有利于提高转化率
选择主播自己使用过的产品	只有当主播使用了这个产品，才能知道它是否适合粉丝的需求。任何一款产品，其特点、使用方法、推广方式等，在主播得出结论之前需要亲自测试一下。只有根据实际体验，然后在直播室向用户推荐这款产品，才能让产品更有说服力
根据用户需求选择产品	用户之所以关注主播，是因为主播的特定属性可以满足他们的需求，所以当主播选择产品时，一定要了解自己的直播账号上用户的需求。例如，用户的年龄层次、男女比例、兴趣爱好、产品需求等。为了了解用户，主播可以借助飞瓜快手之类的数据分析工具进行分析，弄清自己账号中的用户画像，然后根据用户的需求补充产品品类，以满足用户的需求
选择热点产品	直播带货产品的选择也可以像发视频蹭热点一样来蹭实时热点。比如端午吃粽子、中秋吃月饼，以及夏天的小扇子、冬天的暖手宝等，都是可以实时蹭热点的产品。无论用户是否需要这个产品，但在那样一个时间节点上，都会引起用户的高度关注。即使用户没有购买，他们也可能会在你的直播间里就相关话题展开热烈讨论，这就提升了直播间的热度，有助于互动或卖出别的产品

续表

方法与技巧	要点提示
选择性价比高的产品	在保证质量的基础上，产品的性价比也非常重要。目前，大多数主播对提升品牌价值的帮助有限，他们带货成功的主要原因就是性价比。事实上，无论是哪一个直播平台，性价比高的产品在直播带货中都会更有优势
选择适合自己的产品	从分类产品中选择适合自己的产品。直播平台上会有比较热门的产品类别，比如美妆产品、零食产品、家电产品等，主播可以从这些产品类别中选择自己擅长的、与自己的账号合适的产品在直播间销售
选择颜值高、轻便的产品	淘宝第一主播薇娅是一场直播有上千万人观看的头部主播。我们可以从她的直播带货中学习经验，但也需要根据自己的实际情况来选择。另外，在直播间内销售商品时，用户无法触摸到实物，那些颜值高的、轻便的产品看着就让人赏心悦目，用户的眼球也肯定会被吸引过来
选择复购率高的产品	直播带货的主播其用户相对稳定，其中绝大多数都是老用户，迅速增加新用户并非易事。因此，产品的购买频率既影响收益也影响用户的活跃度，主播如果处理不当，老用户也很可能会走掉。所以，选择一些复购率高的产品，效果会更好，不仅可以稳住老用户，还有可能带来新用户

4. 场：直播间、平台的场地设置异常重要

直播电商中的“场”包括平台，目前这些平台已经从纯电商平台和纯内容平台转变成了内容电商化和电商内容化。在阿里生态的语境中，场特指消费场景。

直播带货归根结底也是一种电商形式，不过不同的平台有着不同的规则和玩法，这是主播需要熟知的。在此基础上，直播间场地的设置也异常重要，直播间产品的成交程度取决于主播和产品的展现形式。

（1）平台的场地设置：不同平台对“人货场”的把握

如果说直播接下来成为电商的标配，那么所有的流量平台从理论上说都有机会切入直播电商。目前切入直播的平台主要有两大类，即内容社交平台和电商平台。这些平台的规则和玩法各有不同，这方面可以参阅本书前面的专章介绍。至于这些平台的利益链切分则较有共性，即企业承担5%~10%的平台抽佣，带货主播享有10%以上的佣金分成，某些主播还会收取服务费，即上链接的坑位费。

内容社交平台的核心在于把握了人的因素，包括快手和抖音等平台的短视频、小红书和B站等平台的种草、虎牙和斗鱼等平台的直播，此外还有微博、微信等。电商平台的核心在于把握了货和场的因素，包括综合电商如淘宝、京东和拼多多等，垂直电商如蘑菇街等。内容社交平台和电商平台切入直播电商从逻辑上来看是最顺的，所以这两大类别的平台在发展电商直播时，更加具有潜力。

（2）直播间的场地设置：快速、低成本地搭建直播间

直播电商是通过直播的形式进行卖货，所以直播间场地的搭建也异常重要。直播间的搭建往往决定了用户的第一印象。例如，销售甜美服装的主播，如果搭建一个粉色系、挂满了漂亮衣服的直播间，就更能增加用户停留时长。下面就从场地、背景、产品陈列架、产品介绍板和主播走位设置五个方面入手来看看直播间的整体搭建工作（见表 5–4）。

表5–4　直播间场地设置五要素

要素	分析与说明
选择场地	一个高质量的直播间应该是饱满而不拥挤，不仅让用户感受到直播间的丰富和舒适，而且也不会显得太过拥挤。直播间的场地规模应根据直播内容进行调整，大致控制在5~20平方米。比如，美妆直播一般5平方米的小场地就足够了；而穿搭、服装类的直播则应选择15平方米以上的场地。此外，直播间场地的隔音和回声情况应提前测试。如果隔音不好或回声太重，会影响正常直播。如果实在找不到适合直播的场地作为直播间，可以考虑直播基地。在杭州、广州等沿海地，只要有一个足够大的仓库，一部分作为展示直播间，然后依次隔出选货区、陈列区，甚至直接就是仓库，就这样满足了“人货场”三要素。离货更近，离主播更近，也就是离消费者的需求更近。选择类似这样的直播基地，就可以在租下来简单装修后，便进行直播
背景设置	场地确定后，要对直播间进行适当的划分和设计，考虑每个部分需要放什么，并测试镜头呈现的效果。直播间的背景应该与直播封面的背景相似，不能太花哨。建议整体采用浅色系，如浅灰色、灰色等冷光色系，这样的墙纸和布可以在网上买到，也可以用一些实物来代替，比如窗帘和窗户等。一般情况下，不建议直接使用白色墙壁作为背景，因为白色会在光线的作用下反射光线，在展示产品时用户对镜头模糊、视线不清，就容易造成困扰了
产品货架	在确定了直播间的背景之后，就应开始考虑产品展示架，它是放置在直播间中的一个货架。有些直播间的展示架置于摄像机镜头外面，需要展示什么样的产品时，主播再去拿过来，其实这会在一定程度上影响用户的观感。产品展示架并非不可缺少的，但如果直播间不是很小，建议把目前直播的产品放在展示架上，并让它显示在镜头里。产品展示架的风格也不是一成不变的，需要根据直播内容和特点进行调整设置。一般来说，服装直播间会有一个里面摆满了衣服的衣架，美容直播间会有一个小梳妆台，鞋类直播最好准备一排鞋架。选择展示架既能更好地展示产品，也要让直播间看上去整洁有序，按照这两个要求去做就可以了

续表

要 素	分析与说明
产品介绍牌	主播介绍产品时，产品介绍牌可以充当助手，起到补充说明的作用。在搭建直播间时，产品介绍可以设置为电子版，或者使用家用投影仪。用户看直播的时候，经常看到主播后面有一块小黑板，上面写满了字，其实它就是一个简单的产品介绍牌，其缺点是不能随着产品的变化自动切换。而电子版的产品介绍可以根据主播的节奏而随时切换，并且是动态播放的。从用户的心理层面来说，主播的介绍是基于产品本身的，但电子版播放广告或宣传片所打造的场景，有助于唤醒用户以往消费的记忆，使其做出购买决定，从而促成交易
主播走位	服装类和运动类的直播一般都设置主播走位。要提前设置主播的走动位置，要最大限度地调整能显示产品效果的角度，并考虑主播的位置是否能随时显示产品的优点，这样主播只要在指定的区域和路线上就不会出错。路线设置可以用一句话概括为"两点一线一区"，"两点"是指主播近景显示细节的位置和他走到最远距离定格姿势的点，"一线"是指主播走动路线的划定，"一区"是指主播的活动区域，要提醒主播在直播时不要超过这个区域

以上就是关于直播间整体搭建需要学习的内容。当然，在真正进入直播时还需要一些准备，这属于另一个话题的内容，在后面的"开播准备"一章中有详细说明，这里暂不展开。

5. 复盘：数据梳理直播优劣，记下可以提高的点

每一场直播结束不是立刻发货，而是要抓紧时间进行复盘，梳理直播的优劣，记下可以提高的方面，不论直播结束时间有多晚。如果直播结束了就完全结束了，那你的直播间就一直在起跑线徘徊，难有突破。

（1）直播复盘，回顾就有收获

首先我们要明确复盘上次直播是非常重要的，回过头重新来看整场直播，我们至少可以得到三方面的收获（见表 5–5）。

表5–5　直播复盘的三大收获

收 获	说 明
让工作流程化	凡事都有规律和过程，直播也一样。在直播过程中，主播可以运用一些策略和技巧，这样就会收到事半功倍的效果。但这些方法并不是普遍适用的，所以不能被“方法”限制住，因为每个直播间都是不一样的。主播应根据自己的特点以及直播间的整体风格来探索和选择最适合自己的方式方法。复盘的目的是让直播间的工作更加流程化
不断发现错误和纠正错误	在复盘直播过程中，主播常常会发现自己直播中有一些不该出现的失误甚至错误。比如，自己不爱说话，就等着用户主动和自己聊天，还有的即使用户主动说话了，自己却表现出爱搭不理的样子；忽略用户信息，没有及时反馈；带着情绪工作，耍小脾气等。通过复盘，发现并纠正这些错误，才会使直播一次比一次进步
把经验变成能力	每一个主播在直播过程中都会遇到突发情况。如果能够解决，将不断积累经验，今后更能冷静应对突发事件。主播通过不断锻炼自己，就能够把这些经验变成自己的个人能力。对于一个主播来说，培养自己的能力可谓意义非凡！是进阶大主播的必经之路

（2）直播复盘过程注意事项

在复盘直播的过程中，有几个点需要主播特别注意（见表5-6）。

表5-6　直播复盘注意事项

事 项	说 明
不要忽视数据分析	直播结束后，必须进行数据统计和数据分析，将此次直播的数据与以往直播的数据进行横向和纵向对比，找出数据背后的具体原因。比如，用户在直播间的停留时长，用户转化率，或是其他情况等，都能在数据中反映出来
不要忽视用户的活跃度	大多数主播都比较关注自己的用户在直播间的活跃度，因为用户的活跃度在一定程度上决定了直播的成败。不过有的主播不太关注这些，他们认为用户能来更好，不来也不强求，其实这是一种消极态度。殊不知，没有用户去你的直播间，哪来“带货”！用户的活跃度，归根结底，体现了用户的信任感。只有信任，带货主播才能在直播间里买东西；只有出于信任，用户才能在直播间里和主播聊天。所以，主播一定要认真分析有关用户活跃度的数据，并致力于增加用户的信任感。
注重分析直播间的用户转化率	直播间的用户转化率体现在进入直播间观看的用户是不是新用户。一场直播结束后，究竟能有多少人成为你的用户？这需要通过数据分析才能获得精准的结论。如果有新用户，说明主播成功地实现了从公域流量到私域流量的转换。如果没有新用户，说明主播仍然在自己有限的私域流量中徘徊
及时进行调整完善	在对所有数据分别进行比较之后，主播有必要记下改进之处，并在下一次直播中加以实施。如果想等到第二天或睡觉后再做这项工作，就很可能已经忘记了。拖延是大敌

6. 直播运营进阶三阶段：场货人、货场人、人场货

对于入局直播的人来说，直播运营必须循序渐进，要从人、货、场这三个角度去构思直播带货的行业。这个渐进的运营过程可以划分为尾部、腰部、头部三个阶段，而每一个阶段的运营重点都是不一样的，主播要根据自己现阶段的实际情况做好定位，然后围绕某一块发力，日渐积累，最后登堂入室（见图 5-1）。

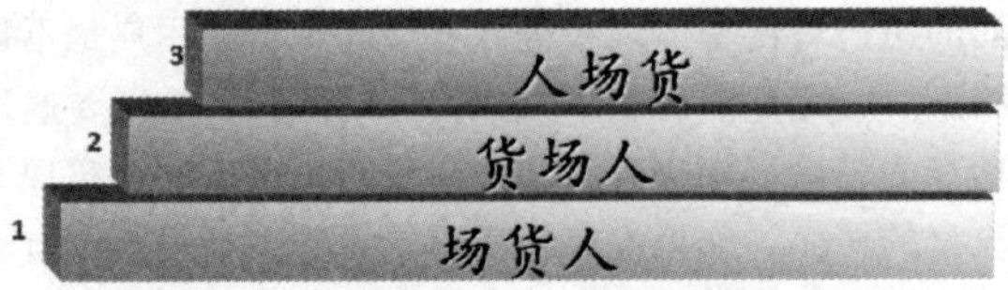

图5-1　直播运营进阶三阶段

（1）尾部阶段：场、货、人

尾部阶段的主播处于尝试直播的阶段，这时要做优先级排序，即场、货、人的顺序。

场排在第一位，就是说要营造直播间的内部场景，也包括熟悉自己所选的平台的规则。直播间场景和平台规则都是排在第一的场。之所以将场放在第一位，是因为初尝直播的人，需要在直播间的环境下展现出主播及品牌的实力，以便与用户建立信任。

货排在第二位，就是说产品或者说品牌必须有一些竞争力。产品的核心竞争力一是基于你选的平台，平台提供的产品质量过关；二是基于价格，可以主打性价比，产品要物美价廉。如果是品牌货就更好。

人排在第三位，就是说这时的主播还没有实力，要依靠能力培养来逐步塑造自己的形象。比如在选品能力上，产品不行就是选品工作没有做好，那么主播这个“人”也不会有销售额，也不会形成自己特色。

（2）腰部阶段：货、场、人

随着从事直播时间的推移，主播各方面能力有了一定的提升，销售额每个月都在30万~50万元，进入腰部阶段，这时主播就要再一次进行优先级排序，即货、场、人的顺序。

货之所以排在第一位，是因为主播要将直播间作为展示货的一个销售窗口，所以货品自然要放在第一位。货对于腰部阶段的主播的重要性在于：质量过关且价格合理的货能够帮助主播在产品同类型竞争中快速突围，用货品的供应链优势去碾压对方，更快地成为一个从腰部主播突破到头部主播。

等到了头部主播阶段，用户已经有一定体量，那时再去研究每个平台的竞争对手和产品品牌。比如快手主要看性价比高产品，包括快消品、尾货等；抖音则更偏向一些调性的产品。这就需要腰部阶段的主播去组织平台与货品的匹配。在直播大火的趋势下，如果主播不在腰部阶段成功突破，那么其流量是无法上一个新台阶的，也就与头部主播无缘了。

（3）头部阶段：人、场、货

到了头部阶段，主播需要进行又一次的优先级排序，即人、场、货的顺序。

人之所以排在第一位，是因为这时的主播需要塑造人设，进而进行人格化运营。很多电商主播看起来特别像导购和销售员，他们的内容能力、传播能力不足，在短视频、微博图文这些领域做得不好，其中的原因，人设不明是个重要问题。所以就需要合力组织去推动弥补这些短板，把自己的人设打造出来，这样才能把主播影响力放大。

李佳琦原来是淘宝主播垂直带货里面的一个，后来他跨平台做人设，当时马云跟他合拍了一个视频，一下子就把他带到了大家的视野里，让更多人认识了“口红一哥”“带货一哥”。

第06章

能力打造：主播超强带货能力的硬核内功

直播改变人生！但是很多朋友直播了一段时间，销售的结果并没有什么变化。这是怎么回事？能力问题！事实上，直播带货没有字面上看的那么容易和简单，具有超强带货能力的主播，一定具备一定的个人技能、鲜明的个人特色、能够输出优质内容、懂得选品、善于运营，以及具有丰富的知识等。能力的打造是主播的必修课，这是一个日渐精进的过程。

1. 垂直领域KOL需拥有超强技能

KOL是营销学上的概念，其定义为拥有更多、更准确的产品信息，且为相关群体所接受或信任，并对该群体的购买行为有较大影响力的人。卡思数据发布的《2020年短视频内容营销趋势白皮书》认为，KOL将成为未来短视频内容营销中品牌信息传播的中流砥柱。

在许多垂直领域，KOL都有独特的个人魅力和标签，会吸引到同一类型的用户，所以KOL带货的效果是比较明显的，而且转化率都比较高，体现了超强技能。这是作为带货主播应该学习的。

（1）KOL的价值属性、运营作用及带货模式

当品牌与KOL合作时，KOL的价值通常以粉丝数量来衡量。事实上，KOL的商业价值并不是由粉丝数量决定的，而是由KOL在流量、暗示、品牌、模仿、号召、场景等方面的多重价值属性决定的：在流量方面，KOL是一个可以带来大量流量和曝光的免费产品，这是所有企业最为看重的；在暗示方面，KOL常以暗示的手法绕过用户本来拒绝的心理，影响用户心态，使用户更容易接受KOL的推荐，更容易记住KOL的产品；在品牌方面，KOL本身就是一个品牌，可以起到信用背书的作用；在模仿方面，KOL是一个偶像，可以引发用户的模仿，品牌可以利用KOL的模仿价值来帮助自我提升；在号召方面，KOL是一个可以号召用户行动的社群意见领袖；在场景方面，KOL是一个可以唤起人们不同心理状态的场景。

KOL 在运营中的作用是提高运营效率。经营的目的无非是拉新、促活和转化，KOL 在这些环节都体现出了自己的作用：在拉新环节，KOL 的“名人效应”对用户的快速增长起到了重要作用；在促活活动中，用户对 KOL 的行动群起响应，由于 KOL 的存在，对活跃用户非常有效；在转化过程中，KOL 通过自身的影响力和粉丝的信任销售商品，促进销售转化。

常见的 KOL 带货模式有以下几种。

①直接销售商品。这种模式对 KOL 本身的专业性有很强的要求，他们需要在垂直领域拥有超强的技能。“口红一哥”李佳琦和淘宝“带货女王”薇娅就是最具代表性的案例。

②种草。种草模式的核心要点是建立“中立”感，降低明显的销售导向，同时也需要持续运营，保持热度。

③借助 KOL 的影响力加速事件的发酵。通过事先策划在短时间内制造高销售额的爆炸性新闻，达到大范围信息传播的目的。这个模式下销售是否真实发生，已经不重要了。比如黎贝卡曾经将 100 台售价 28.5 万元的 MINI 限量车在 5 分钟内全部售空，50 分钟后所有订单都完成付款。

（2）KOL 在主要平台的带货表现及其商品分析

带货能力最强的 KOL 目前主要分布在快手、抖音、小红书和淘宝直播四大平台。由于各平台的用户特点不尽相同，导致 KOL 在具体的带货与商品上有一定的差异。

“老铁经济”是快手独有的，它使得用户和 KOL 的消费有相似之处，主要产品是大众品牌。KOL 和粉丝之间有很强的社会关系和信任。所以 KOL 卖什么用户就买什么。

抖音的用户特别关注的是内容的好看、好听和可爱。而 KOL 更像是内容创作者，在各自的领域输出知识、段子、情感鸡汤、漫画、影评、着装技巧等内容。这一点恰恰与抖音很契合。KOL 在抖音卖货有冲动型、时尚型、大众型的消费品以及新产品等。从商品销售价格来看，摄影、游戏、宠物的价格相对较高，而销量最高的时尚、家居生活和图书课程的价格相对较低。

小红书被称为“国民种草机”，其女性用户占绝对优势。小红书平台有很多种草 KOL。例如，当美容护肤博主们在讲授或分享自己的使用技巧时，真正做到了“润物细无声”。小红书的主要商品有时尚消费品、高端消费品、化妆品、日用品等。

淘宝直播目前 KOL 营销在护肤美妆、衣物服饰的转化率比较突出。这些类型货品的特点为高耗低价，且效果直观。淘宝直播根植于淘宝，具有超强的电商属性，淘宝用户不用进行教育。因为他们本来就是带着钱来的，KOL 负责种草即可。同时，对用户来说观看直播内容也成为闲暇时的消遣。

上面描述了抖音、快手、小红书和淘宝直播平台上 KOL 的带货表现及其商品，归纳出商品主要类别有护肤、服装、鞋类、食品、母婴、家居生活。其中，化妆品、护肤品、母婴用品为标准产品，服装、鞋类、家居生活、食品为非标准产品。可见 KOL 的带货产品主要是大众化的快消品。当然，无论使用何种平台或是何种带货模式，KOL 本质上都是通过在圈内不断输出专业内容，来帮助平台实现更精准的货人匹配。

当然，KOL 在主要平台进行带货或进行商品分析时，还要学会自娱自乐、自说自话。

初做主播时，直播间里的人一般都不会太多，更不会有死忠粉，这时候为了更好地带货，就要学会自说自话，让直播间热闹起来。自说自话的内容可以是以下几方面。

①热情地介绍你的产品，热情地跟进入直播间的每个人打招呼。

②学会看名字识人，要根据人们的名字来对对方做出判断。

③评论你今天看到了什么、做了什么，还可以聊聊热门人士，比如罗永浩、肖战、泰森等。

④聊聊社会的热点新闻，比如中考、假期旅游等。

⑤同时，还要对手机屏幕上的买家发言，热情及时地做出回复，争取给直播间的所有人留下不错的印象。

2. 鲜明的个人特色：超爱追热点

主播本身应该具有鲜明的个人特色，很难被模仿。打造个人特色，追热点是一个有效的方式。事实上，很多平台上的内容创作者基本上都是逢热必追，而且还是一条接一条，不管大小节日、热门话题、赛事热点，还是娱乐新闻、灾难事故、电影上映等都会有相应借势出现。可以说，追热点是现在很多内容创作者的法宝。作为带货主播，完全可以通过追热点来打造直播调性、积累粉丝黏性，同时也能为自己销售的品牌累积势能，而及时地把握热点，则能在短时间内获得高关注和流量，有助于提升销量。

（1）要追热点，就要提前做好准备

做任何事情之前都要把可能发生的情况想好，尽可能做好准备。追热点这种事情更应该提前做好准备，否则下一秒钟有任何热点突然出现都会令你手忙脚乱（见表6–1）。

表6–1　追热点前的准备工作

工作重点	方法指南
梳理品牌价值	任何一个品牌和产品都有自己的核心价值和卖点，在追热点之前梳理出自己的品牌核心价值点和产品核心卖点，等热点出现之时，就可以考虑是否可以利用这个卖点。如果主播在卖一款商务手机，就不要去追王宝强离婚的热点了，因为这和你的品牌和产品的核心价值与卖点都不相符
梳理产品卖点	除了品牌和产品的核心价值外，有些产品是有多个卖点的，要梳理出自身产品其他的相关价值与卖点，把这些产品的卖点提前列出来，等热点一旦出来就能去对照查看是否跟自己产品的这些卖点相关

续表

工作重点	方法指南
梳理出热点类型	常见的热点有可预估的、不可预估的和即时出现的情感需求热点。抖音上可预估的热点通常是一些国内外事件或节假日都是自带流量的热点，如春节、情人节、万圣节等，还有电影类和大型活动类等。对于这类热点，主播可以结合热点类型、品牌特点、产品特点等提前规划创意玩法，配合科学的投放策略，在短时间内捕获大批流量。抖音上还有一种即时热点，属于随机产生的热点话题或玩法，主要来自一些现实突发事件、网络爆火段子等，如塞班、惊雷、好嗨哟。想要抓住这类热点，需要主播有较强的网感和反应能力，快速捕捉并参与线上热点话题，根据热点即兴创作并输出内容。至于不可预估的热点，如明星的表白、结婚、离婚等，以及新闻类、政策类热点，这些热点追不追，还是要看与自己的直播风格和品牌调性是否契合

（2）热点追或不追，要有判断标准

追热点需要速度快，第一时间就得做出反应，行动力超强。但是也应该知道，有些热点真的没必要追，比如有潜在风险的负面热点、有争议的热点等。所以，在热点出现时应该先判断一下这个热点的热度、传播性、话题性、风险性、相关度等，然后再决定追还是不追。这里没有把“时效性”单独写出来，因为本身有话题性的热点时效性都比较强。

热度就是热点的火热程度或受关注程度。传播度就是有一定的传播性，有诱因、带情绪、具有公共性、有实用价值、故事性的热点易于传播。话题性就是有争议、有漏洞、有群体指向、情绪激烈、与“我”相关、有延展性等特点的热点。风险度就是要考虑风险，在追热点时需要保持底线和价值观。相关度相对来说是最重要的，它包括两个方面，一是与行业或产品的相关度，二是与目标用户的相关度，热点如果与这两方面都不相关，就没有必要再去追了。

（3）追热点需要掌握的方法和技巧

追热点的人很多，那么我们如何能做到脱颖而出呢？不是说追热点就一定能带来大流量，追热点也有一定的方法技巧。以下做一简单介绍

（见表 6–2）。

表6–2 追热点需要掌握的方法和技巧

方法与技巧	操作指导
盘点	即盘点与事件相关的素材。只需围绕当前热点进行素材的整理即可，是一种比较容易的内容创作方式。能够帮助用户了解热点背后更多的内容和知识，图文并茂则更佳
评论	即针对热点事件提出自己的态度和观点，或举例证明自己的观点。可以先介绍热点的基本情况，然后讨论自己的看法。在提出自己的意见之前，也可以引用别人的一些意见，这些意见可以是同意的也可以是反对的，但必须有理有据。另外，评论热点的内容要有一个吸引人的标题，这一点很重要
分析	即用分析的方式来梳理热点事件的前因后果。可以选择其中一个细小的切入点进行分析。这个切入点很重要，可以结合自己的专业领域，也可以是新颖的、有创意的。这样更容易引起用户的赞同和认可
信息图	即用图文方式表明观点。它是对“分析”的一种升级，需要超强的逻辑能力和清晰的展示方式，当然用户的吸收速度也更快。它需要比较长的时间来收集素材，所以对于突发式热点事件不是太适合
吐槽	吐槽的内容要注意是有趣和轻松的。比如搞笑表情和图片、幽默的风格等，再加之以合理的论点证据，让用户在轻松之余也理解了你的观点
唱反调	这一点对内容创作者的要求是最高的。如果把握不好度，观点不够独特和深入，证据不够全面和让人信服，很容易使读者反感。但如果能创作出很多内容，效果也要比其他方式明显得多的
软文	即结合热点，推产品或服务，从而达到阅读量和产品收入的双丰收。能达到这种级别的，一般都是专业优质的内容创作者，他们的内容不仅能让用户觉得质量高，还能明显感觉不到你是在推广产品，很多时候都是到最后才知道你是在推广产品，但觉得很不错，有说服力，也觉得自己挺需要的，于是忍不住就下订单了。这是相当高的营销境界了

除了以上方法外，平时的积累，看问题的独特角度，也是保证一个主播与众不同的个人特色的途径。总之态度要摆正，再追求方法，才能有好的效果。

3. 持续、稳定的原创优质内容输出

“内容为王”时代下，一场直播能否带来品牌曝光量、销售转化，很大程度上由“内容”决定。事实上，电商直播的视频内容是否有持续、稳定的原创优质内容输出，反映了主播肚子里有没有“货”，体现的是主播的能力。

（1）电商直播输出的内容：PGC、UGC 和 BGC

只有输出正确的内容，才能提高吸引力。

目前，电商直播输出的内容主要是 PGC、UGC 和 BGC 三大类。接下来，我们分别剖析一下直播营销领域三大类内容的输出价值。

PGC 是专业内容生产者生产的直播内容，如体育直播、发布会、晚会类直播等。在生产内容的基数上，PGC 资源毋庸置疑是少而精的内容。生产的互用基数少，各大平台也是争夺激烈，原因就是此类直播的聚焦性非常强大，在一定时间内可以聚集大量用户并且具有较好的长尾效应。如今，大多数企业的直播营销，其销售转化都倚赖于 PGC。毫不夸张地说，PGC 在直播营销中贡献了一半以上的品牌曝光量和销售转化量。

UGC 是用户生产的直播内容。这类内容用户参与多，可以自由上传，涉及诸多方面，如素人直播化妆、户外直播运动，等等。用户参与度是直播的最核心要素。UGC 就是一群无数多的生产源头，其既可以是生产者也可以是用户，由此降低直播成本，也带动了直播行业的迅速崛起。对于企业的直播营销来说，要思考怎么让这种“无边界内容”成为一场用户皆可

参与的内容。

BGC 是品牌或企业生产的直播内容。一家高端超市为了证明其食材新鲜，把超市标志安装在了原材料产地农场的奶牛身上，然后开始做直播，让用户能看到食材供应源头的实况画面。直播抓住了人内心对食品安全的关注点。当听到直播中奶牛咀嚼青草的声音，就像吃了一颗定心丸。这场直播就是心理安慰剂。

PGC、UGC 和 BGC 三者之间是融会贯通，互相影响的。所以，在进行一场直播营销时，如果想诉说品牌价值，可以选择 BGC 直播内容；如果想获得更多的流量并实现流量变现，可以选择 PGC 直播内容；如果想让用户沉浸在直播内容中并自发互动，可以选择 UGC 直播内容。

（2）带货主播要让输出的内容有价值

网络时代，输出有价值的内容是每个带货主播取得成功的前提。那什么样的内容才能被赋予价值？详见表 6–3。

表6–3　带货主播输出内容是否有价值的判断标准

判断标准	解　析
可参与	“参与”是连接用户的前提。网络时代比任何时候都注重互动，所以主播在准备内容的时候，要适应网络传播的特点，把“可参与性”融入其中，体现出互动。第一，可以选择开放式话题或者比较有争议的话题，让用户有兴趣参与讨论和交流。第二，可以设置多种参与方式，不仅限于留言、私信，也可以策划一些线上或者线下的活动，使得不同场域联动起来
可连接	“可参与”让主播与有相同兴趣爱好的用户有了连接点。除了主播自身是连接点之外，输出的内容也是连接用户甚至连接其他内容的桥梁
可变现	如果内容不具备可变现力，那么输出的内容也必将不会长久。即使是一个讲段子的主播，其内容也应该要回归到可变现的领域，比如美妆、时尚、宠物、美食等
可识别	可识别就是让自己具有一些用户赋予的记忆特征标签。内容同质化背景下，如果主播输出的内容不可识别，则将淹没在茫茫主播人海中

4. 研究产品，选品符合KOL气质和用户需求

直播带货追求的是成交率和成交额，因此带货主播要研究产品，研究哪一类产品热销，研究什么价位的产品热销等。这其实是选品能力问题。作为带货主播，选品一要符合 KOL 气质，二要符合用户气质。

（1）做带货主播，选品是必备能力

刚做直播带货的主播，常常一开始会挑选十来款甚至更多的产品上架，但很长一段时间都没有成交。是产品本身的问题还是运营层面的问题？现在暂且不谈运营，先来说一说带货主播的选品能力（见表 6–4）。

表6–4　带货主播选品必备能力

能 力	说 明
了解商品的价值属性和市场属性	商品的属性是什么？需要从价值属性和市场属性两个方面来考虑。价值属性方面，第一，低成本。任何产品在研发、上市等方面都有大量的成本，主播应该考虑产品的成本不要太高，否则利润必然下降。第二，新奇。产品不能太过时，最好让用户有新鲜感和新奇体验。第三，及时性。产品种类繁多，季节性产品占有很大一部分，因此要提前计划。第四，有卖点。产品要有特点，有自己的卖点，能打包，能出口，能调动用户的购物欲。一言以蔽之，卖起来既容易又实用。市场属性方面，一是市场潜力。产品应该有受众、口碑，能够挖掘用户潜力和良好的用户体验。二是市场容量。产品要有市场空间，不要卖太过于小众的产品，没有前景。另外，竞争不应该太激烈，否则会导致血拼的局面，而且路也太窄。三是市场控制。货源的供给能力、媒体的规则范围、物流的配送能力、资金周转的现实性等因素都需要逐一分析。第五，要综合考虑选择的方向

续表

能力	说明
充分考虑到资金问题	对新人主播来说，并不是所有的产品都能卖，这需要大量的资金支持。如果是小主播，可以先选择一些没有被大主播盯上且货值较低的商品，等到产生销售利润，有了充足的资金准备之后，才会有更多的选择
努力做到差异化	同质化的结果只有一个，那就是价格竞争。因此，在选择产品时，主播必须考虑数量、颜色、功能等方面。只要有一点差异，用户群的需求就会不同，所以应该尽量满足不同的需求。不仅如此，主播选品时必须以比现在卖得更好的产品为基础，有更高级的差异化，而不是为了差异化而差异化

(2)选品要符合 KOL 气质和用户需求

所谓选品，就是知道自己卖什么效率最高、选什么产品、定什么价、能卖多少、能赚多少、会亏多少。作为带货主播，选品最重要的是符合 KOL 定位和用户需求（见表 6-5）。

表6-5 带货主播选品的两大要求

要求	解析
符合KOL定位	KOL作为有鲜明特色的个人，选品时最关键的一点是要与自己账号定位有关联，起码有点擦边，不要硬带。一个做美容美妆的去带货铁铲，可能粉丝会给你寄刀片，或者想找你"聊聊人生"什么的。思路新奇点，强行圆还是能圆得过去，美食主播带货电饭锅什么的，还能接受，要带货情趣用品可能就被举报涉黄了。所以一般像头部带货的核心是产品熟悉度高，粉丝对于账号原本定位期望符合，提升转化
符合用户需求	能不能符合用户需求首先要知道用户需求什么，想要知道用户需求，主播的自身定位就能大致判断了。互联网手段也有，如MCN管理、飞瓜数据、乐观数据等数据统计工具。另外，根据年龄、地区、性别甚至星座也可以挖掘用户需求

5. 懂得运营，选对平台并打通销售路径

主播长得不好看，但会说话就行，要想做好直播，和整个团队的运营能力是分不开的。运营能力对带货主播来说是特别重要的，尤其是需要选对平台并打通销售路径。接下来，我们就来探讨一下主播如何选平台和打通销售路径的问题。

（1）选好直播平台是运营的第一步

新人主播做运营，选择直播平台是非常重要的第一步。一般来说，在选择之前要多了解一下这个行业，比如目前直播行业的发展趋势，主播有哪些专业分类。此外，还要从自身的角度来评价自己的实力，比如喜欢唱歌还是跳舞？性格是不是外向？之后，要注意平台规模、薪酬等方面的问题，结合自身优势选择合适的直播平台，从而最大限度地发挥自己的实力。

选择平台时，首先要考虑的是平台的规模和实力。比如是选择大平台还是选择中型平台；是选择老牌秀场还是选择后起之秀，每个平台实力和各自优势都不同，需要根据自己特点进行相应匹配。

除了平台的实力和规模，还要考虑平台的用户。例如，用户总数、活动用户数以及每个付费用户的支出和消费的产品等。许多新人主播不明白了解这些信息有什么用。实际上，从用户数量上可以看出平台的整体规模，从活跃用户上可以看出平台的运行情况，从付费用户支出上和消费的产品可以大致推断出平台用户的支付水平和喜欢购买的产品。虽然看似无

关紧要，但事实上，这与主播未来的待遇和收入息息相关。

礼物收入也是主播应该知道的。了解平台的礼品收入，可以查看平台上现在其他主播的礼品收入情况。最好把这个情况分成上、中、下三个层次，通过逐一分析可以大致猜出自己在哪个级别，能从礼物中赚多少钱。需要注意的是，很多新人主播只看收入而不看充值比例，认为很多“0”都是高收入，但这可能只是一种掩饰，因为每个直播平台的货币与人民币比例不同，有的是 10∶1，有的是 100 ∶1，甚至有的是 1000 ∶1。

关于新人扶持政策，不同平台对新人主播的支持政策会根据不同时期而有所不同。比如网易的政策在 Bobo 推出前，新人主播第一个月如果达到相应的时长等要求，将至少有 500 元的奖励，最高奖励 3000 元。这些才是主播真正的收入。因此，需要了解平台有哪些策略支持新人主播。

平台待遇分成大概是每个主播都会关注的问题。比如，官方和主播的分成比例是多少？有底薪还是没有底薪？有无责任底薪？目前，大部分直播平台都没有底薪制，有底薪制的平台都有责任制，比如到达多少小时和几天，以及兑换多少礼物等。

（2）顺应平台规则，销售路径便可打通

能否卖出去货，能够卖多少货，是衡量一个直播主播非常重要的标准。在选择了直播平台后，这些平台如淘宝、抖音、快手等都是上好的销售路径。至于如何打通，不外乎按照平台规则进行操作。

淘宝用户不需要教育，他们带着钱来，主播只需要种草就可以了。以前在淘宝销售只能放平铺图。后来，后来模特儿和视频逐渐出现了，然后再用图片和文字植草带货。为了买到合适的东西，用户会欢迎越来越多更好的带货方式。现在淘宝的生活消费品类最畅销。

抖音在电商变现上探索出了许多新方式，比如抖音小店就是一款变现的工具。抖音平台将小店的作用解释为“帮助自媒体作者拓宽内容变现渠道，提升流量的价值”。主播开通这个工具后，头条号、火山个人主页后可以显示出来，产品可以通过微头条、视频、文章等多种方式曝光。因为抖音用户女性居多，所以抖音适合转化比较好的美妆类产品。

快手短视频现在正逐步商业化，很多主播都会通过快手平台带货。快手适合推广客单价一般在300元以下的产品。在快手卖货同样需要掌握一些技巧，比如商品独特、质量上乘等。在快手做引流建议将流量引到微信上，在这里可以获得准确的用户。

除了上述带货量较大的平台外，还有一些其他平台正在试水并加入了不同的元素。例如，拼多多的第一次直播试水就把裂变玩法带进了直播间；京东推进红人孵化计划，并在这方面投入了至少10亿元的资源；“植草平台”小红书内测直播电商，让创作者可以在直播中搭配笔记、连线和红包等。

6. 做带货主播，能力和知识均不可或缺

主播每天在镜头前要大量曝光、大量带货，其数字是普通人难以想象，背后的辛劳也超出了普通人的承受范围。除了不定时的工作时间外，很多人在每次直播后累到看到人连话都不愿意说。短期来看，能吃苦的人还可以坚持下去，但随着“主播 2.0”时代的到来，仅靠吃苦是远远不够的，只有那些能力强、知识广的主播才有很大的市场。

(1) 能力：评判带货主播的重要依据

能带货的主播，或许他们有供应链、淘外优势，但以下这些重要的能力却是不可或缺的（见表 6-6）。其实这些能力也是评判主播是否合格的依据。

表6-6　带货主播必备的能力

能 力	解 析
洞察用户	带货主播实际上是一个面对镜头的销售人员，可以得到用户的即时反馈，其最重要的技能是了解人性。直播中的主播无法与用户面对面交流，但仍能在直播间从与用户的交流中了解他们的需求，并能从直播当天销售的主要商品、过往直播情况等方面通过数据分析得出他们的人物画像
语言表达	了解了用户的关注点和需求，还要依靠语言表达能力来打动用户，所以主播需要关注语言表达能力的提高。培养语言表达能力，只能不断地练习和模仿，不断地说和观看其他主播如何介绍产品，不断地创新和积累直播产品的词汇量。只有这样，才能在将来的某一天给用户长时间介绍产品而不感到疲倦
产品展现	产品的展现效果可以直接影响一场直播的下单率，所以需要从灯光、布景、手机型号、主播手持物品等诸多方面予以注意。这需要主播不断地观看自己和别人的直播回放，然后进行分析对比，找到自己的不足，改进展现方式，以便更好地展现产品。展现好了产品，其实也就展现好了自己

续表

能 力	解 析
主播形象	粉丝来到直播间，首先看到的是主播本人，主播不需要高颜值，但一定要符合大众审美观，为了留下好的印象，直播主播前必须化妆，树立形象大方、仪态端庄、语言表达能力强等形象。尤其要注意的是人设定位，比如做母婴产品，如果想让主播带货，就要找年龄30岁左右的已婚女性，因为无论是经验还是外在形象，都更具有说服力 此外，主播善于跟粉丝聊天、沟通，带动粉丝互动刷礼物，如此才能提高直播间的活跃度，直播间的权重才能越高，平台才会推荐更多的新流量加入。抖音直播间的流量主要来自三个方面：第一个是发布视频爆发的流量；第二个是关注粉丝的推送流量；第三个是直播广场的游客流量
卖货能力	带货主播的主要任务是将产品销售出去，优秀的主播通常都是销售高手，更是一个专业的主持人，同时还要了解产品、懂产品，能够把产品讲明白！此外，主播还要具备一定的控场能力，能够有节奏地引导粉丝下单
创作能力	主播要想带货成功，需要靠内容引流，视频内容需要优质、原创、具有持续创作更新能力。持续的创作依赖于团队，需要共同建立账号内容素材库，需要具备卓越的创作能力

（2）知识：评判带货主播的重要维度

当品牌方或直播平台在寻找高质量的主播时，主播知识的宽度是一个重要的评价维度。事实上，一些主播每天不停地销售产品，而一些主播每天销售几件产品就无法发货了。除了初始定位的问题，更多的是关于产品知识程度的差异。作为一个优秀的带货主播，必须了解产品知识。了解产品知识并不一定能让产品卖得更好，但必须掌握这方面的知识，否则，在任何一个直播带货平台上卖货都不会有太大的改进。

作为一个带货主播，如果只知道一天到晚冷冰冰地、机械性地介绍产品，用户就算下单了，和他也只是一种单纯买卖关系。但如果主播和用户有共同话题了，双方才有可能成为朋友关系，而主播说的话题用户感兴趣了，他们才会付出精力、不断观看主播的直播。为此，主播要随时补充天文地理、地方风土人情，尤其是产品方面的知识，并且时刻了解最近发生的大事。这个积累的过程很困难也很辛苦，一半以上的主播或许会在这个环节被淘汰，但是剩下的那些主播则会因知识丰富而实力大增。

所谓“胸藏文墨虚若谷，腹有诗书气自华”。多读书，多看新闻，多关心一些实时新闻，了解社会动态，了解直播行业的动态，看一些搞笑段子、搞笑舞蹈、歌曲，发现自己的长处，让自己的才艺、文化吸引眼球，主播拼到最后拼的是文化，不是拼你长得有多漂亮，唱歌多好听，没有文化照样做不长久。每一个主播的成长，都是在不断学习中度过的。

第07章

心态修炼：调整直播心态，让用户喜欢和你聊

直播心态很重要，一场心态好的直播会让你的直播收益增多，但是如果一场心态不好的直播可能会让你的真爱粉离开你的直播间。带货主播亦是公众人物，心态好、素质好永远是公众人物的必备要求。直播带货是一个积累的过程，那些大主播也是从一个默默无名的小主播一点点地积累起来的。只要努力调整好心态，你就会在某天受到用户的欣赏，自己也将爆发出来。

1. 有一个好心态，至少能增加耐心

直播心态对一个主播来说超级重要！一个新人主播，前期作为新人粉丝不会很多，收入也不会很高，这个时候就要稳定自己的心态。比如当直播间没有粉丝时，学会转移注意力，开启自嗨模式，自己进行唱歌等才艺表演。只要调整好心态，耐住性子，就一定会大有改观。

（1）控制情绪，调整心态

对于一个成熟的带货主播，心态最重要，拥有一个良好的心态，直播间就会有人观看，并且有助于留住他们。相比之下，更多的人则因为巨大的压力出现了许多负面情绪，内心得不到安全感。

主播负面情绪从何而来？一是痛苦，每天播两个小时，但直播间很少有人，感到尴尬，于是心里十分难受，开始坐不住了。二是焦虑，每日开播数小时也没有用户下单，礼物收入不见上涨。三是愤怒，直播间天天有黑粉来直播间讽刺、挖苦甚至谩骂。四是迷茫，不知道自己直播出现了哪些问题，一直提高不了粉丝量和销售额。

面对直播过程中出现的负面情绪，最重要的是学会转移注意力。当负面情绪出现并感到痛苦时，可以试着转移注意力，不能仅仅是为了直播而直播，要做自己感兴趣的事情，这样你就可以摆脱负面情绪。比如，喜欢唱歌，可以把直播间当成 KTV，尽展歌喉，直到自己心满意足，不管有没有人在看；喜欢跳舞，可以把直播间当成舞蹈练习室，酣畅淋漓地展示自己的舞姿；喜欢玩游戏，可以把直播间当成网吧，直播间里的用户就像

在网吧里玩游戏的人们一样。这样，一些负面情绪和痛苦感就没什么大不了的。

另外，用户之所以看直播很多时候是为了消遣，为了打发时间，也是一种娱乐休闲。如果主播动不动乱发脾气，用户就会被吓跑。直播也是一份工作，不要带着情绪工作，不要把坏情绪施加在用户身上，否则会给你的用户留下不好的印象。用户进来直播间，是找快乐、缓解现实压力的，不是听你抱怨，看你愁眉苦脸的。让自己快乐起来，才能将快乐的情绪传递给用户。

情绪管理的步骤如下。

①直播前的情绪调整。直播前，主播需要做的事项比较琐碎，再加上马上要直播的心理压力，经常会出现一种烦躁情绪。其实，越是在这种时候，越要学会放慢节奏，慢慢厘清头绪，不能遗漏什么；可以做个深呼吸，不被环境氛围影响，达到一种“身处喧闹，心静如水”的状态。这个阶段，不能亢奋，不能太低迷，要保持一个较平静理想的情绪，才能处变不惊地做好直播前的工作，为即将开始的直播打下坚实的心理基础。这里有个心理情绪的小技巧，不妨可以试试：准备完成直播前的所有事务之后，鼓励自己一下，在心里暗示自己：“我什么都做好了，只管好好直播就可以了。”这种鼓励与心理暗示，能帮助你迅速将情绪调整到最佳状态。

②直播时的情绪抑扬。直播间如战场，在直播期间，一定要保持适度的亢奋和热情，让观众觉得主播是充满活力与鲜活的，如此才容易给他们留下深刻印象，才能吸引他们驻足观看。直播时，主播的状态代表了直播间的状态，想要让直播间充满生命力，主播首先就得活跃起来。但是，也不能太过长时间地张扬亢奋，否则不仅主播会感到累，观众也会产生心理疲惫，一定要动静结合，张弛有度，该扬的时候扬，该抑的时候抑。

③直播后的情绪复盘。直播结束后，最好主播自己先安静待一会儿，

什么都不要想，就是休息放松。等情绪平复、思绪脱离出直播的状态后，再带着平常心去进行直播复盘或货品整理等播后工作。这个阶段，要保持头脑的清醒，提高直播间的质量。当然，不仅要对直播复盘进行总结，还要有情绪复盘。直播结束做分析和复盘，可以避免下次发生同类错误。其实，复盘分析法也包括情绪复盘。每次情绪波动后，无论结果是好是坏，都要做一次分析和复盘。分析得越是透彻，对情绪的掌控力就越强，下次遇到同类问题，就不会手足无措，也不会因情绪失控而犯下其他错误。

（2）拥有好心态，才能有耐心

不少人都说只要主播愿意花时间愿意吃苦就有钱赚，但是前期每天成交量非常低；尤其是新人主播，在前几个月没有粉丝没有成交量，寂寞和迷惘是非常难熬的。面对这种情况，只有拥有一个良好的心态，才能坚持下来。

作为一个新人，粉丝一定不会太多，收入也一定不会很高，此时最应该做的就是稳住心态。用户来到你的直播间，你有没有什么亮点？你和其他主播在外观上没有太大的区别，用户为什么要留在你的直播间观看你的直播？因此，新人无粉的问题必须想明白。

知道了自己的不足，就要下功夫学习，只有坚持才能做好。每天要按时直播，保持在线时间的稳定并规律在线，在线时长也决定了收益情况。而且粉丝也需要陪伴。其实，做好直播无非就是时间的问题，你坚持了一天，那你就多了一个机会。直播就是明天比今天多一份成长，明天比今天更努力，因为你努力了，直播间气氛做上去了，直播就起来了。做直播需要持之以恒、坚持不懈地努力，直播时间久了，形成了自己的风格、特色，就能很好地吸引、留住用户，实现成交。

良好的心态，能够延长主播的直播时间，增加主播的耐心。举个例子，刚开始直播时很多主播都没有良好的心态，也没有观众，可能直播了两三天就停止了。其实，只要在开播前主播调整心态，完全可以坚持直播一两个星期。

主播需要具备的心态有以下几方面。

永远不要等着观众主动来找你聊天，不要做一个只会回答问题的笨蛋。记住，观众想不想跟你聊天，很大程度上是由聊天内容来决定。

要和长时间待在活动房里的观众交流，不管他们是否搭理你；如果对方不理你，就要拿出女性的看家本事，卖个萌、撒个娇。此外，还要做一个百变的表情包，把所有快乐直接印在脸上。记住，没人愿意跟一个面无表情的人聊天。

遇到喷子、黑粉、言语辱骂、调侃等情况，要面带微笑。因为黑粉是最忠实的粉丝，主播大度的笑容和乐观的性格会引发更多人的关注。

直播期间关注发言，及时回复别人的问题，如果不愿意回答，可以敷衍，但不能不理；不好听的话，可以噤言，但不能对骂回去。优秀主播通常都有极高的服务意识，能够带给观众满足感、认同感、归属感和存在感。

其实，主播也是演员，一定要记住自己扮演的角色，无论是演绎自己的生活，还是扮演别人的朋友，悲喜都要随心展现，真情都要融入流露，才能真正做到入景、入戏和入心。

2. 你的聊天内容决定用户和不和你聊天

主播不要做一个只会回答问题的人，用户想不想和你聊天，很大程度上是根据你的聊天内容决定的。如果你的聊天内容是用户好奇的，那么他们自然会与你一起互动。但是如果你的聊天内容并不能引起用户的好奇心，那就要主动找话题，让用户来说说他们的看法。

（1）永远不要等着用户说

作为主播，必须主动寻找话题，引导聊天，而不是等着用户主动跟你说话。永远不要被动、哑口无言，只有当我们开启一个话题，才能和用户沟通交流，让用户跟随我们的思路，逐渐和用户越来越熟悉。网络直播最重要的是学会与人互动，当用户心情不好的时候，主播应该是一个好朋友；当用户无聊的时候，主播应该尽量谈论他们喜欢的话题。只有把用户当成朋友，真诚地回应他们的问题，积极主动地了解他们的事情，分享他们的生活趣事，他们才会愿意来到你的直播间并留在这里。

引导聊天内容也是一门学问。有经验的主播跟用户都是聊得很开心的，绝不会扫其兴致，甚至是冲着用户的胃口去的。他们跟用户聊的不一定是事实，但一定要火爆，让其瞪大眼睛、热血沸腾，这才叫会聊天。由此可见，学会了引导聊天，会让你在以后的交流甚至是谈判中获得优势。

①主播该做的。用户进入一个新的直播间，如果直播间内氛围低沉，又对主播讲述的内容不感兴趣，很快就会走掉。这种情况多出现在新人主播的直播间，为了减少这类问题，主播就要主动与用户打招呼，用自己的

热情来吸引用户的关注。对于留下来的用户，要主动创造话题。比如，我对这个事的看法……你们觉得呢？也可以跟大家聊一聊最近发生的一些热梗、比较火的电视剧等，尽可能降低话题门槛，让每个用户都参与进来，引发共鸣，让直播间的氛围热闹起来。

此外，带节奏也是营造热闹氛围的一种方式。带节奏一般都出现在观看人数较多的直播间内，只要不是很过的节奏，主播都不会说什么，最多说一句“别被带节奏了”。带节奏很容易把直播间的氛围带到新高度，这也是一种解决尬聊的方法，通过节奏让用户之间沟通，帮助主播解决聊天问题。

②直播系统该做的。直播系统能在功能上弥补互动少的缺点，解决直播间氛围淡的问题。常见的功能如：抽奖、各类小游戏、广告发送福利等。

抽奖。发送弹幕系统随机抽取几位幸运儿，直播间的弹幕数量会瞬间提升，游离的用户注意力也会被重新拉回直播间。

小游戏。可以帮助用户解决无聊的问题，如果用户对主播内容不感兴趣，但又很喜欢主播不想离开，就可以跟他们玩直播间的小游戏，轻松自在一些。

福利。在大主播的直播间，可以让用户推销某款游戏。当然，不是白推销，要给用户发送一定的红包福利，金额都不能太低，既能让用户买账，又能调动用户的积极性。

当然，在提高直播间用户积极性的同时，还要控制直播间氛围的走向，不要被黑粉恶意带节奏。直播系统要增加拉近主播与用户互动的功能，只要不断更新迭代，才能持续向前发展。

（2）每天准备好话题内容

如果用户聊电影或导演你却不知道徐克是谁，如果用户喜欢《七里香》你却不知道谁是周杰伦，那么用户只能说你“可爱”，不可能欣赏你。这个话题不欢而散，下一个话题如果你还不熟悉呢？所以，主播要想让用户和你聊天，不仅要自己主动去找话题引导用户，还要每天准备好聊天的话题内容。

直播话题的内容可以说才艺，可以说八卦、新闻、热点事件等，有才艺的准备好要表演的才艺，没有才艺的要准备好话题，没有话题的去度娘。有内容的话题才能和用户有话可说，不然一直被用户带着走，完全没有自己的话题，你的直播也就没什么可看的了。

为了更好地用问题控全场，就要关注以下几个方面。

①引发兴趣。为了引发人们的兴趣，可以采取你问我答的方式，即抛出问题—评论互动—抛出下一个问题。比如，“大家觉得橘色大衣好看，还是黄色大衣好看？各位宝宝想要这件衣服吗？想要的可以扣 1。”

②提出问题。比如：“大家想不想知道咱们这个产品有什么强大的功能？想不想了解今天的优惠政策究竟有多大力度？”“各位，想不想知道怎么样成为一名演讲大师，开口就能收人收钱？”

③回答问题。回答问题时，要注意以下几点。

如果粉丝直接跟主播提出了试穿的要求，说“想将几号宝贝试一下”，就说明粉丝对该宝贝至少产生了兴趣，要耐心讲解。可以说：“小姐姐先按正上方红色按钮，关注主播，主播马上给你试穿！”

如果粉丝问，主播多高多重，就说明粉丝没有看背后信息牌的习惯，可以这样回复：“主播身高 170 厘米，体重 60 千克，穿 S 码。小姐姐也可以看一下我身后的信息牌，有什么想看的衣服，也可以留言，记得关注主播！”

如果粉丝问，身高不高能穿吗？体重太胖能穿吗？这时候，就要耐心引导讲解，可以说：“小姐姐报具体的体重和身高，主播才可以给你合理的建议。”

如果粉丝问，主播怎么不理人、不回答我的问题？这时候，就要安抚粉丝的情绪，否则会永远失去粉丝。要说：“小姐姐没有不理你，如果我没看到，你可以多刷几遍问题，不要生气。”

如果粉丝问，3 号宝贝多少钱？这类粉丝一般都比较懒，但已经表现出想购买的意思，要耐心解答。可以说：“3 号宝贝可以找客服报主播名字，领取 5 元优惠券，优惠下来一共 39 元，屏幕左右滑动，也可以看到各个宝贝的优惠信息，喜欢这件衣服赶快下单。”

3. 和直播间里的用户交流，要有丰富的表情和动作

直播间的画面效果会对很多数据造成直接影响。比如：

停留时长。只有高清的画面，人们看起来才会舒服，产品展现才会清楚，才能提高吸引力。

流量（复看率）。每天做完直播，第一件事情就是要看看今天的流量如何。清晰的画面效果，会直接提高流量，即复看率。

转粉率。商品需要颜值，何况直播间？好的画面，才能吸引更多粉丝转化为用户。

转化率。只要商品展示做得好，就能把产品卖点更好地展现给消费者，就能提高转化率。

没有人愿意与表情死板的人聊天，也没有人愿意与动作僵硬的人互动！很多新人主播在直播中最容易犯的错误就是他们的表情和动作不够丰富。这也是许多新人主播不够受欢迎的重要原因之一。直播室是主播与用户沟通互动的最重要的桥梁。主播要善于运用丰富的表情和动作调动现场气氛，尽量与用户沟通，提高每一位用户的参与感。

（1）“表情包”是一种流行文化

“表情包”在网络当中如此流行，是因为表情能够深入人心。比如，达康书记的表情包、傅园慧的表情包、吴亦凡的表情包、迪丽热巴和赵丽颖的表情包、鹿晗的表情包等，这些明星的表情包都很出名。主播可以百度一下这些明星的表情包，去参悟为什么这些表情包会流行。能流行必定

带来粉丝，而有了粉丝就有了经济利益。

表情包本质上是一种流行文化。随着社会和网络的不断发展，人们的交流方式也随之发生了变化，从最早的文本交流到一些简单的符号、表达等的使用，最终逐渐演变成一个日益多样化的表达包。可以用一些自制的或流行元素的图片来表达文化。这类图片大多风趣搞笑，构图也很夸张，主播通过收集和分享这类图片，用户可以获得趣味性享受，从而得到用户的认可，同时也能展示主播自己的个人藏图，获得心理上的满足。

（2）主播要有丰富的表情和动作

主播在直播间有的时候不仅要有丰富的表情，还要有丰富的肢体语言。动作和表情能丰富直播内容，也塑造着主播的个性。主播的喜、怒、哀、乐通过丰富的神情和动作表达出来，才更容易感染用户。用户看直播，不是想看个木头或是花瓶，而是想看到一个丰富多彩的主播。

表情和动作涵盖了各种技术和手法，主播要努力培养和提高这些表演技能。要有想象力和创造力，以生动鲜明的风格表达出多方面的状态。要注意直播的语气、语调、眼神、手势、身姿等，把所有快乐都表现在脸庞上，把所有开心都体现在动作中。比如，除了多笑，还有剪刀手的卖萌、手比爱心的温馨、吐舌头的调皮等。不要小看这些细节，这些细节让用户们受到感官刺激，不仅感受到你作为主播的积极与热情，更容易对你产生好感，从而更有意愿消费。

主播应该有自己独特的表情和肢体动作，这样才更吸引人。为此，可以设计一套自己独特的表情和动作，比如用户进入或离开直播间都有一个欢迎的动作或者表情。有了这些独特的表情和动作，能让用户记忆深刻，那么用户下次就愿意进入直播间。

当然，要想丰富表情和动作，可以采用如下几种方法。

①入境。只有身临其境，才能做出相应的表情。因此，主播在做直播

的时候，要将自己融入产品介绍中，沉浸在直播的环境中，跟直播内容完全融于一体。

②夸张＋反复。要想让直播更有吸引力，就要采用夸张的手段，做出夸张的表情；同时，也可以采用反复的手法，多次重复一个动作，加深人们的印象。

③照镜子互动。为了提高表情的丰富性，就可以在自己对面放一面镜子，主播随时都能看到自己的表情，并随时做出调整。比如，收到礼物表现出的惊喜和期盼，剪刀手的卖萌，手比爱心的温馨，吐舌头的调皮等。即使是唱歌，也可以在演唱的过程中，增加一些灵动的小手势和表情。

4. 黑粉言语粗俗，你要有大度的笑容

做直播肯定会遇到一些黑粉，讲一些无礼、调侃之类的话，怎么办？其实，主播是“不一样的烟火”，所以请记住，你是一个有职业素养的主播，不要爆粗口，不要回骂，要努力化解。关键是心态一定要放正，不要有过多的情绪。

（1）黑粉也是粉，也是热度

每一位主播在直播过程中都会遭遇黑粉，这是普遍现象。面对这种情况，主播将其全部赶走不现实也不明智。其实，直播遇黑粉，直播间的人气就高了，热度增高，就会有更多的用户进来关注你。从这个意义上说，遭遇黑粉不能发怒，黑粉也是粉，并且是可以引流的粉丝。主播应该有这种积极的心态。

所谓黑粉，是在网络上恶意挑拨别人的粉丝之间关系的人，也指直接抹黑或攻击别人特别是明星来抬高自己的人。对于主播来说，黑粉可能是一个进入你直播间的路人，也可能是一个你竞争对手的粉丝，但是无一例外都是在找着你的“黑点”来黑你，用你无法忍受的语言、无法理解的逻辑，对你做各种“喷”，让你失去直播的优势，让你的粉丝离开你。他们最显著的特点是负能量爆棚，喜欢逮谁喷谁，喷人的方式是诡辩加歪曲加嘲讽。在他们眼里就没有正能量，任何事情达不到他们的要求就要喷人。这种无脑喷、为喷而喷的黑粉，都认为自己的智商要高于别人，自己都达不到的目标别人更不可能达到。其实他们是极端的个人主义者。

许多主播不管有多么努力，多么优秀，直播间总会遭遇喷人的黑粉。比如，嫉妒主播长得太漂亮，喷；不喜欢主播直播的内容，喷；主播今天状态不好，看起来没精神，喷……这个时候，主播尤其是新人主播常常特别气愤，于是，按捺不住的内心小宇宙就爆发了。有的一阵猛怼，恶语相向，有的干脆将他们踢出直播间，还有一些主播将其视为无物，自己依规噤言。其实，这些处理方式虽然快捷，但不能给主播带来任何好处。

黑粉确实可恶，但主播对待他们不能太认真，认真就输了。直播间里的用户更多的是喜欢主播的，主播只要看到这些人就够了。至于那些黑粉，没有必要在镜头前辩驳什么，你的跳脚只会让他们的高潮来得更快。谁成长的路上不经历些风雨呢？

记住，黑粉永远是贵人！无论主播多完美，都会遭到某些人的侮辱、谩骂和攻击。遇到这种情况，如果主播感到无所适从，尴尬生气，影响心情甚至对骂。发火，是正常的，但其实只要利用好了这种群体，也可以提高个人魅力；只要拥有需要宽大的胸怀，遭受无尽的委屈，就能乾坤逆转。如果走的是强势风格，更应该礼貌对待，让别人感受到主播的大度和涵养。

小黑变大黑，是一场完美策划案。只要能制造出话题，任何行为都可以变成宣传。比如：

①哎呀，我特别感谢我的第一批黑粉，你知道吗？那是我的第一批黑粉啊！哎呀，我以前没有粉丝，只有黑粉。

②我的这群黑粉真的是太敬业了，每天都组团而来，还是固定时间来。除了吃饭睡觉的时候，他们都在。我真的很感谢他们，因为他们给了我无穷的动力。

③黑粉给我了改正错误的机会。我是一个很不服输的人，听到别人指出的问题，我就知道了：自己还是有很多做得不够的地方。

④我一直都在改变。现在回过头去看一下以前的直播，哎呀，真的没法看。所以，怪不得我有那么多的黑粉。我会再接再厉，继续努力的！

（2）应付黑粉，要有正确的措施

对待黑粉，除了积极的心态，还要有正确的应付措施。一方面，要在笑脸的状态下给攻击你的人以有效反击，这样既能给闹事的人警告，又让人感觉你是个大度的主播，让用户觉得你这个人不错；另一方面，应与自家直播间的房管加强沟通，建立相应的弹幕管制制度。

首先要稳住内心的波动，不要怼黑粉，因为这样做本身就是个不理智的选择。主播完全可以把黑粉看成自己直播路上的历练，经历过一次次被黑被吐槽之后，你会修炼起无比强大的内心，才能升为上仙。事实上，很多又有人气又聪明的主播，几乎没有花费太多精力去和黑粉较劲，因为他们不仅深谙这个道理，而且善于运用技巧予以应对。

比如，黑粉说你丑死了，你长得真难看。主播就回应说，你应该谢谢我，我要是长得好看你还怎么活啊？我的丑让你的颜值上了一个档次。或者说，你是在预言我会成为下一个马云吗？

再如，黑粉在公屏发了一个呕吐的表情，表示吐槽。主播就回应说，要命不要钱，我多么善良多么朴实，你还有什么可挑剔的呀！或者说，你不喜欢我管不着，但你不能嘲笑我的梦想，阻碍我成为第二个庞麦郎！

还有的主播对黑粉采取无视的做法，于是会这样说，人家粉丝那么多！评论那么多！根本看不过来！人家能看到的只有车队、舰队、火箭雨！

有的时候，主播的死忠粉会去围攻黑粉。对于这种情况，主播可以这样说，你们别这样，虽然他骂我，但是一直留在我的直播间，说明还是喜欢我的！或者说，他只是想引起大家的注意而已。

值得一提的是，也许在直播中你会经常看到一些令人生厌的侮辱、引战、无意义的弹幕，但作为一名主播，如果你在直播间这种公共场合对他们做出回击，反而会激发这些人的热情。在这里发射弹幕的人处于“霍桑效应”中所说的被观察的状态，本质上说他的行为对你来说毫无意义，因为你到处可以看到这样的弹幕。为了避免他们改变“仅限于此”的行为而做出进一步的引战举动，最好的应对方法是忽略，而不是争论。

除了有效应对外，重特大弹幕事故也需要及时处理。中国网络视听节目服务协会颁布的《网络短视频平台管理规范》中要求：“网络短视频平台实行节目内容先审后播制度。平台上播出的所有短视频均应经内容审核后方可播出，包括节目的标题、简介、弹幕、评论等内容。”这无疑有利于弹幕的长远发展。目前，各短视频平台均设有人工运用审核团队。主播应加强与直播间房管即审核人员的沟通，制定弹幕管制的规章制度。比如，对于议论政治敏感话题的，碰到即立刻拉黑；对打广告的直接封禁，对地域黑的直接源头封禁；对发低俗信息的，可以先警告，再犯者拉黑；等等。

总之，主播一方面要对人友善，不要去喷别人，哪怕对方做的是错的，也应该努力去劝导，不要以上帝的视角去评论和批评别人；另一方面也要积极采取行政手段予以解决。

下面是一些直播间经典对话，供参考。

场景一

用户：

你丑死了。

你长得真难看。

主播：

你应该谢谢我，我要是长得好看你还怎么活啊？我的丑让你的颜值上了一个档次。

我丑我任性，我还敢来直播，你美你待家里干啥呢？

你……你……你……是在预言我会成为下一个马云吗？

场景二

用户：

（在公屏发了一个呕吐的表情，表示吐槽）“首先，这位宝宝，请问你男的女的？”

主播：

（男的回复）“绝活啊、男的都能怀孕，啥时候表演一个生孩子啊！”

（女的回复）“你妈妈有没有告诉你怀孕了要在家里安心养胎，不可以到处乱走动了胎气，快别到处吐，回家找妈妈！”

场景三

用户：

“唱歌真难听，在这里瞎嚎啥。”

主播：

“将就着点吧，说不准哪天我就回家种田，靠我辛勤的双手缔造美丽的家园了，到时候你想听都听不到了！”

“唱歌容易，听歌不易，且听且珍惜。瞎哔哔啥！”

“要命不要钱，我多么善良多么朴实，你还有什么可挑剔的呀！”

“你不喜欢我管不着，但你不能嘲笑我的梦想，阻碍我成为第二个庞麦郎！”

5. 关注反馈，把好的感受带给用户

对于用户的反馈，有的主播反应不佳，其表现大多为不说话。不爱说话主要有两种情况，一是不知道要说什么，二是有一搭没一搭地应付。如果是前者，主播就应该提前准备好直播内容和话题，开播时按照话题说，可能有些用户对你的话题产生兴趣，于是开始搭话。如果是后者，主播要放下架子或者调整好心态，尝试和用户敞开心扉互动，同时要问自己还想不想做直播，想做就积极跟用户聊天互动，不想做就不要做了，用户也不会喜欢太高冷的主播。

因此，主播在进行直播过程中要不时地关注用户发来的信息，以敏锐的洞察力来展开话题，了解他们想听你说什么，他们感兴趣的是什么，并文明回复，把好的感受带给用户。同时也要引导用户，以增加直播间的人气和热度。

（1）主播要给用户带去正能量和欢乐

主播要给用户带去正能量，这是主播的尺度和底线。带给用户正能量，内容必须积极健康。直播不是比谁胸大、谁腿白，比谁有八块腹肌、谁有大头肌，都是正规绿色平台，必须是健康向上的节目内容。尺度和底线是主播的筹码，主播可以唱歌跳舞，卖萌撒娇，但是绝对不要过度暴露，健康的直播方式很重要。要尽情展示你自己的人格魅力，但绝对不能低俗。一个主播如果传播的是正能量，那么自然会受到越来越多的人喜爱。

主播要给用户带去欢乐，这是主播的职责和义务。带给用户快乐，服务意识很重要。要及时回复用户的问题，不愿意答的可以敷衍但不能不理，难听的话可以选择噤言但不能对骂，主播其实也是服务行业，而优秀的主播都会有很好的服务意识，欢迎每一个进入直播间的用户，并把满足感、认同感、归属感、存在感等需求带给用户，这样用户才能产生发自内心的快乐，进而会成为你的铁粉，为你刷礼物和下单。因此，主播要连续不断地输出有价值的内容，带来用户需要的快乐，让他们认同你。

主播给用户带去正能量的小妙招如下。

①不走寻常路。当大多数人都说“对”的时候，这条路就已经开始错了。枭雄横生才出英雄；英雄遍野再无英雄。永远不要听和你水平相当的人说出路，永远不要听不如你的人说出路，永远不要听没干过这个行业的人说出路。

②我是第一我怕谁。好产品、好项目、说出来、创造出来，换个地方就是第一，因此要主动打造个性标签。

③要么最新，要么最老。要想高口碑，就要用最新的思维方式或最老的好方法。因为，人们都喜欢标新立异或是更愿意接受旧有的权威。

④让客户觉得你有秘方。要用语言让用户觉得你有秘方，愿意跟你探讨。比如，“太容易了，太简单了，你想不想知道？”“标题党式的分享！”“60秒成交术”。

⑤大胆跟老大对着干。跟老大对着干，不仅可以借力，还能相互成就，因为超越行业标杆才能成就自己。

⑥成为专家。要让自己成为行业专家、技能专家。学习不能成为专家，分享才能成为专家。专注一件事，成为行业最好。

（2）主播要善于引导用户进行分享

大部分新人主播的直播间都会出现一些“关注主播”的提示引导，主播每次开播的时候，要注意引导用户进行分享，把直播间分享到他的朋友圈、QQ 群里。至于怎么去设置这个提示引导，需要主播自己考量。详见表 7–1。

表7–1 带货主播引导用户进行分享的方法与技巧

方 法	操作指导
弹出提示	有的主播的直播间，开播后用户一进来，每隔一段时间就会弹出一个“关注主播”的窗口，关闭后再弹出一次，直到让用户注意到为止。这种借助第三方软件设置其好处是主播不必总是提醒用户，只要用户对直播有兴趣，基本上就会关注
引导词提醒	主播直接在屏幕上显示或滚动提示关注主播抽奖，以及有多少人正在关注主播发红包等引导词。这是大多数主播选择的方法。这种方法的好处是，只要不是特别离谱的目标，就不会引起用户的反感。大多数新来的用户会选择留下来，然后集中注意力观看。不过主播要时刻关注抽奖条件是否符合，并不时将结果反馈给用户，否则用户会觉得抽奖条件太难而离开
口头提醒	进行口头提醒也是主播都会用的方法，一般是“还没关注主播的宝宝关注下主播、喜欢主播的可以点下关注”等等。口头提醒会给新进来的用户一种被重视的感觉，容易让粉丝停留，然后关注主播。但如果频繁提醒，容易让一些观看时间较长的用户反感，主播也会比较累
饰品提示	有一些主播做特别的提示，如芒果台的“蜜蜂姐姐”。使用这种方法时，如果饰品是有特点的，用户很容易记住主播并喜欢上主播。不过这个方法相对来说比较佛系，需要主播依靠自身个人魅力先留住粉丝，然后再加以引导

上述介绍的引导关注方法是比较常见的，仅供参考。其实现在许多引导关注都在拼创意，怎么用最低的成本让用户注意到你、喜欢上你，是主播需要长期思考的问题。

6. 具备演员素质，真情投入，入景入戏

主播可以说是演员的一种，对其基本表演才能有一定的要求。当你成为一名主播，就意味着踏入了演艺圈，所以你就该从一个艺人的角度由内到外要求自己。也就是说，一个好的主播，要具备成为演员的基本条件，比如选择合适的妆容，搭配合适的服饰等，但最重要的是做到真情投入，入景入戏。

（1）投入真情，入景入戏

苏联表演理论家斯坦尼斯拉夫斯基在其所著的《演员的自我修养》一书中指出，作为一个忠实的表演角色，当他站在舞台上时，就要活在角色里，与角色完全一样，去正确、充满逻辑、按照顺序地思考、希望、追求与行动。演员只要达到了这一境界，就接近角色了，就会同角色一样去感觉一切。因此，作为演员的一种主播，就要像演员一样展示自己的表演能力，无论是在演绎自己的生活还是在演绎别人的生活，悲伤和欢乐要尽心表现，在直播间的场景中、在与用户互动的剧情中投入真情。

要放下内心的愧疚和负罪感，因为每个用户都在为你的表演买单。你是通过自己的努力得到合理的回报，用户为你买单是因为他们喜欢你的表演。所以，你要热情欢迎每一个到房间里来的用户。虽然你不知道哪个人会为你消费，但你的热情会感染他们。你的一个笑话和一个问候，都可能是用户留在你房间的引子。虽然可能是无用功，但做了才会知道有没有效果。

要保持高度注意力，确保每一次直播都是完美的画面，每一分钟的直播都是认真的。不管你在生活中长什么样，用户都会在直播中看到你，他们会在自己的脑海里想象一个自己喜欢的主播形象。所以，你万不要草率直播，不要在视频上做一些很难看的动作。认真地做好每一分钟直播，因为你不知道其他观众会什么时候进入你的直播间。如果你在做其他事情或分心，用户很可能会关闭直播不再观看了。

要经常有一些活动，即使没有用户，也应该告诉用户活动的相关信息，这样会增加用户的参与感和存在感，会让他们觉得你是在为他们而战斗，你是他们的守护神。

总之，主播就是直播间里的演员，一颦一笑，一举一动，都是在塑造“主播”这个角色。

（2）提高演技，让直播更上层楼

直播如戏，全凭演技！无论是街头叫卖还是直播带货，都绕不开美国心理学博士罗伯特·西奥迪尼在其所著的《影响力》一书中说的销售技能，即商人利用“互惠、承诺和一致性、社会认同、偏好、权威、短缺和比较”来销售商品。事实上，主播的直播过程就像一部电视连续剧，主播需要通过演技充分展现自己的戏份。那怎么才能提高演技，让你的直播表演更上一层楼？

主播要留有余地，时刻保持神秘感，让别人期待你。比如把一句话分成几句来说，能起到提示加引导的作用，可以引出更多的话题与用户讨论。另外，直播要有规划，直播前想想具体该干什么，再把大纲列出来。比如你开场唱歌、陪粉丝聊聊天、唠唠家常等。

到中间阶段，是气氛最燃的时候，可以渲染一些感人的事情，或者是搞笑的内容。这样你的直播间层次就会比较丰满。

到结束阶段，该下播就下播。许多主播在收益好的时候不下播，一直收礼物，这不是好的做法。一方面，直播不是苦斗戏，不要恋战，钱不是一天能赚完的；另一方面，用力过猛会消耗用户的期待感，因为主播此时心不在内容的创作上，已经在收益上了，会让用户觉得你太过功利，更不利于今后的发展。下播之后也应该复盘分析今天的直播，看看自己都说了什么做了什么，从中发现不足，找到需要改进的地方。然后在下一次直播时多多注意，让用户看到你的进步。

第08章

内容输出：才艺展示、生活直播、搞笑段子、聊天唠嗑

直播内容直接影响着主播的直播效果，所以一定要考虑好自己专长的领域，决定该走的路线，然后去很好地表达自己所擅长的内容。比如，唱歌、乐器、跳舞、脱口秀等才艺展示，展示日常的生活直播，幽默风趣的搞笑段子，针对就某些问题或事情的聊天唠嗑等。有特点的内容是“优质内容”的一个重要标志，主播展示特长的内容，可以打造自己的形象，并易于激发用户的热情，有助于成交。

1. 才艺展示：用个人才艺吸引用户，聚集人气

才艺展示是目前很多带货主播的直播必备内容之一。比如最常见的唱歌、跳舞等，都是用户喜欢的直播内容。事实上，如果主播的个人才艺多且具一定水平，光是这一点，就足以超过市面上的大部分主播，更能吸引到用户和人气。

（1）才艺需要多看多听、多学多练

首先，不要只想着赚钱。在学习如何成为一名合格的主播时，不要只考虑自己能赚多少钱，要注重提高自己的才艺水平，多多观摩学习。在这方面有一个正确的态度。才艺没有什么限制，要学会灵活运用，比如，用户点的歌不会，就在直播结束后马上去学习，喊麦喊不好，就去找老师学。很多情况下，主播不一定唱得非常好，只要用户们能看到你在关注他们的一言一行，为了他们去尝试，用户就会在心里记住你。

其次，才艺可以后天培养。没有什么是不可能的，通过多看、多听、多学、多练，你也可以成为一名优秀的主播。事实上，新人主播在直播间时都在载歌载舞，用顺口的麦词喊麦来制造氛围。对于新手主播来说，大多不太可能一开始就施展出过人的才华，也有大主播连基本的才艺都没有，所以不要气馁，要努力学习才艺。同一首麦词，如果能每天反复练习，一个月后，喊麦的才艺也能在用户面前展示一番。不会唱流行歌曲也别担心，选择一些气氛活跃的歌曲反复练习，即使没直播也应该多练习，到时也能在直播时一展歌喉。要知道，自己作为一个新手，如果总是没有

出彩的才艺，又怎么能和那些优秀直播竞争呢！

最后，才艺应该是多多益善的，诸如唱歌跳舞、跑步打球、器乐演奏、书法艺术、户外摄影、诗文朗诵、做菜做饭等，要么精通某些方面，要么对所有方面都略知一二。只要能让用户觉得耳目常新，能够引起他们的兴趣，并为你的才艺一掷千金，那就是成功的才艺。多掌握一些才艺，在直播时表演给用户，这其实就是一个自我推销的过程。当你真正学会了许多才艺，才是一个魅力十足的主播。当你拥有大量的粉丝时，这就是对你的个人魅力的证明。

（2）才艺展示，方法和技巧必须有

新人主播做直播，很多都害怕向用户展示才艺，勉强表演也是手忙脚乱，漏洞百出，结果被用户抱怨。主播展示才艺也要懂得“方法论”（见表8-1），运用合适的方法和技巧，才能摆脱尴尬，让自己魅力四射。

表8-1　带货主播才艺展示“方法论”

方 法	操作指导
了解用户	用户一般可分三类：只围观，不消费的用户；因喜爱而聚集的用户；直播打赏最多的土豪用户。在开播时，可在自己直播间提出一些问题进行试探，看看他们都是哪一类型的人，确认好用户属性，再准备展示什么才艺。当然直播间并非都是一类人，这时要根据有相关要求的用户的意见或建议来展示自己的才艺
选歌方法	最好选些节奏欢快的歌曲，每个用户看直播都是图开心的，听欢快的歌曲就是为了让他们愉悦。当然也可以播放一些怀旧的歌曲。新人主播缺乏聊天技巧，不妨通过嗨歌的方式营造直播氛围，打破尬聊的局面。要选择能够突出自己风格和声音的歌曲，即根据自己的声音特点选择不同歌曲，从而发挥最大的优势
掌握节奏	如果多数用户希望主播唱歌或表演，就需要把握才艺表演节奏。在才艺展示或表演完后，要随时注意互动，如感谢刷礼物的用户，欢迎陆续进来的人，谢谢大家的喜欢，说些希望得到关注的话，并适当回应用户的问题

续表

方法	操作指导
处理好特殊情况	特殊情况有很多种，比如，用户反应迟钝，这时主播要丰富自己的表情和动作，若在表演中，就等到表演结束再调动气氛；公屏上突然没了文字和内容，这时主播要发一些小礼物，宣传主播粉丝群或新的歌名，不让公屏空白；直播效果差，如伴奏音大或有杂音，先要向用户道歉并立刻予以解决
注意细节	主播一定要注意表演时的细节。比如，表演时切勿做出任何使用户感到低俗不雅的行为，也不要直接要求用户付费刷礼物或开通贵族，更不要明码标价、嫌弃用户送礼物小等。要避免表演不经心、不专业、突然中断等。不要忽视送礼物或发文字的用户，要以感谢、感恩的态度认真对待他们。这些细节问题在才艺表演时经常遇到的，但解决的方法不止这些，主播平时在直播时要多留心总结，活学活用

2. 生活直播：展示自己的日常生活场景

生活直播，就是主播对自己的日常生活进行直播。直播内容可以从商场逛街、户外活动到吃饭，可以是一家团聚吃饭，等等。充满生活气息的直播内容，会引来许多用户驻足。

（1）做日常生活真实画面的搬运工

在移动传播环境中，直播不再是代表媒介的特有权利和仪式化事件，而变为呈现多样化日常的记录工具或展演舞台。将日常生活各个方面的内容在直播中展现出来，这是移动传媒与现实世界相结合所打造的温馨景观，体现了从技术逻辑到直播平台的价值。因此，直播间就是一个日常生活的秀场，主播应该做一个搬运工，将日常生活场景搬到直播中。将日常生活中世俗的甚至无意义的场景在直播中展示给用户，让用户感受现实生活的温馨与快乐。

在直播自己日常生活过程中，主播要多谈自己的生活感受和经历，可以说自己生活中的一些鸡毛蒜皮的小事，容易拉近主播和用户的心理距离。比如最近去哪里逛街旅游了，又比如最近刷淘宝的时候看上了哪款包包和裙子等。另外，在谈这些的时候，也可以提及自己目前特别想买又买不起的东西，如果是喜欢你的用户，很容易懂你的暗示，就会给你打赏和送礼物。

主播谈论自己的生活经历就是在分享。作为主播，除了尽可能丰富自己的直播内容，分享自己的直播室，让更多的人看到你的直播室之外，是一种必要的成长方式。因此，主播应培养自己的分享习惯，让直播在各种社交平台上曝光，从而最大限度地吸纳受众。同时，也应该在自己的直间里动员用户帮助宣传。为什么有些直播间总是很忙？因为那些主播除了有丰富的直播经验外，还有最好的游客资源，能够让更多的人看到自己的直播间。

（2）展示日常生活应结合产品应用场景

展示生活要有产品应用场景，并介绍产品的价值和卖点，比如瓷砖的防油污、防划伤等，而不只是简单地展示生活。通过丰富的产品应用场景，增加产品品牌曝光的频率。这实际上就是场景营销，它可以给受众带来深刻的体验，也有助于主播实现个性化传播和精准营销。直播的流量很大，如果不抓住这个渠道进行营销，那就太可惜了。

播放中要重点展示主播使用某款产品时的过程，以及使用的效果等。如果主播能按照以下要求去做直播，就会有一个意想不到的作用！详见表8–2。

表8–2　展示日常生活中产品应用场景的要求

要求	操作指导
介绍品牌故事	虽然有些产品是品牌，但许多用户并没听说过，在直播时介绍品牌的由来、运营理念、运作规则、售后确保等，都是能提高产品的实力的，并且还能进一步打造品牌形象，提高用户的购买欲望
详解产品外观和内涵	主播在介绍生活中使用某款产品的情况时一定要全面，要由外及里地去介绍。例如，先介绍产品的包装、标准、成分等，再去介绍规划、触感、用处等，最后介绍使用后的体验，这样使用户对产品更了解
讲述产品卖点和优势	直播是为了卖货，产品卖点的介绍自然不能少。先将产品的卖点和优势都介绍出来，然后选择最契合的用户对其需求进行深化描述，并对用户所提的问题进行解说，这样能让用户对产品有更明晰的了解
点评产品质量	产品的点评是用户是否购买的重要因素，因此在直播时主播要对产品质量进行点评，尤其是要点评产品优质的地方，说明优质给自己带来的好处，这样能让点评更具真实性

续表

要 求	操作指导
给用户直播优惠	直播临近结尾时，主播要以优惠、奖赏等形式奖励观看用户，以提高用户的参与度，还能让他们感到你对他们的重视。再用限时抢购、粉丝专属等言语，进一步影响转化

直播场景的选择要点如下。

不要使用白墙，因为后面的颜色永远不能亮于前面的主体。

墙面的顶部和底部以及两侧，尽量以白色为主，可以做漫反射，让灯光显得更柔和，还能凸显整体的灯光。

工程越小，成本越高。镜头看不见的地方都是浪费，直播间的镜头都很低，不考虑直播间镜头，仅让装修师傅直接装，上面那些东西就看不清。

背景可以用窗帘，窗帘建议用灰色的，尽量不要用反光面，最好用绒面的，吸光。

装修时，参考图要做成多平面，最好能找到它的整个方位。

天花板尽量用柔光做。背景，要有一个补光。

前置的美颜，必须足够量，不能买低功率的或小圆的。

3. 讲幽默搞笑段子：活跃气氛，增加人气

卡思数据联合火星文化新榜研究院联合发布的《2019短视频内容营销趋势白皮书》显示，讲搞笑段子的KOL占主播总规模的25%，在2018年短视频KOL创收排行榜中排名第一。他们在充分满足用户娱乐核心需求的基础上，受到了广告商的青睐。这一权威数据足以说明幽默搞笑段子在直播中的重要作用。

幽默搞笑是一种社会现象，一个懂得幽默搞笑的人，不仅能够处理好人际关系，也能制造欢乐的气氛，缓解生活压力，甚至能提升生产力。所以，幽默搞笑段子应该作为主播内容输出的一个重要方面，而能讲幽默搞笑段子也是每个主播都需要具备的技能。

（1）幽默搞笑的段子是这样创作的

既然幽默搞笑段子应是主播内容输出的一个重要方面，那么就有必要了解一下其创作方法。很多人不知道怎么幽默搞笑，其实它的技巧是从写段子开始的，而写幽默搞笑的段子也是有公式可以套用的。掌握了基本公式，再运用一定的技巧，你就可以开始自己的幽默搞笑之旅了。

所谓段子，就是用简短的、幽默搞笑的语言，说出一个道理或者揭示一个真相，制造出“情理之中、意料之外”，让人发笑、引人深思的效果。

所有的段子都是由铺垫和包袱组成的。其中，铺垫是通过一段话把人引向甲地；而包袱则把人引向乙地，从而给人造成“意外”的感觉。铺垫部分不需要很有趣，只需陈述一个事实，而且越严肃越好，有趣的则是接

下来的包袱部分。包袱部分最重要的有两点，一是笑点在句子中越靠后越搞笑；二是说出笑点后立即打住，不做任何解释。当然，铺垫和笑点也不一定就是语言，它也有可能是人们的一种共识、一个情景或某种反应。另外，一个段子除了铺垫和包袱这两个部分，不应该有任何多余的东西。如果某个部分既不属于铺垫，也没有笑点，就必须去掉。

打造段子的套路：

①打破思维定式。打破思维定式是创造段子最常用的手段，意思是指构建故事发展，设定一个预期事物正常发展的方向，然后打破这一设定。

②吐槽别人先自嘲。喜剧表演的本质是对现实的消解，讽刺和吐槽是常用手段。想要吐槽别人的时候，可以加上自嘲工具，减少攻击性，疗效更强。在自嘲之前，首先要发自内心地接受自己的这个缺点，否则别人笑了自己哭了，自嘲就变成了笑柄。

③营造画面感。通过语言描述，情节设置，讲述之后，自动在脑海中产生画面产生喜感。例如下面这个例子。

和老婆吵架了……事后很后悔自己没让着她……想送她一个项链哄哄她……可是又不知道买多长的……于是……晚上趁老婆熟睡的时候……偷偷拿绳子在她脖子上量……结果……她醒了。

这种营造画面感的段子一般都不可能现编，完全依靠平时的素材积累，需要养成记录生活的习惯。将平时生活里遇到的有趣的事，有意思的梗，记录下来，加以改编，就可以拿到直播中活学活用。

（2）平时多积累幽默搞笑段子

直播间的主播如果有幽默的潜力，会很容易引起粉丝好感。但能讲幽默搞笑段子并不是每个主播一开始就具备的技能，不少新人主播其实自己不够外向，没有幽默的潜质，也不会讲这种段子，也不具备创作幽默搞笑段子的能力。在这种情况下，就必须做些功课，在平时多积累幽默搞笑段子。

可以多去一些搞笑大主播那里走走，再多学习一些好段子。刚开始可以用记录的方式放在电脑或者镜头看不到的地方，在直播时候扫几眼帮你回忆，便可说出很多段子，但不要刻意为段子而讲段子。有的主播会从微博、朋友圈等平台上抄各种段子，然后背下来，在直播过程中找到合适的时机，讲给用户听，活跃气氛的同时，也会给自己带来更多人气。

例如，有一个新人主播，他常常会把从各处看来听来的段子抄在一张纸上，然后在自己直播时读给用户听。这个方法虽然有点僵硬，但也算是一种自我学习的方式。最好还是把这些段子记在心里，这样就可以在直播时背着说出来，也就至少不那么生硬，用户也一定会喜欢。

下面给大家介绍一些比较搞笑的新段子：

别人都是笑起来很好看，但是你却不一样，你是看起来很好笑。

如果你有喜欢的女生，就送她一支口红吧，至少她亲别人的时候，你还有参与过。

2010 我的新年愿望是：人瘦点、钱包胖点！千万不要弄混了。

长得好看的人会有很多属性：聪明、可爱、善良……长得磕碜的就只有踏实。

人生四大悲：久旱逢甘霖，只一滴；他乡遇故知，是债主；洞房花烛夜，在隔壁；金榜题名时，是重名。

建议大家尝试早睡觉，多运动，不吃消夜，不抽烟不喝酒，早睡早起养成一个良好的习惯，久而久之，你就一个朋友也没有了。

什么叫万死不辞？大概就是每天被气死一万次，但仍然不辞职。

4. 聊天唠嗑：讲究方法，让更多的人喜欢你

做网络主播最重要的就是要学会和用户聊天唠嗑，但很多新人主播常常觉得没有话题可聊，是真的没有话题吗？不是的，新人主播只是不会聊天而已。下面介绍几种聊天的技巧，熟练掌握后，就会让更多的人喜欢你，并且向你赠送礼物以及下单购物。

（1）讲故事：细节 + 情节 + 背景 + 感情

故事，是一个主播红人的软实力，是个人品牌具象化的载体，也是连接粉丝情感的纽带。直播中，讲好故事可以把许多难题简单化，化解自己和他人的尴尬，增加直播的趣味性。

好故事的标准如下。

①冲突、行动、结局。以李子柒为例。冲突：李子柒想留在大城市发展（渴望）和奶奶生病需要人照顾（障碍）。行动：李子柒回归家乡，开淘宝店创业失败，转而拍摄短视频。结局：意外成就新事业。冲突是引起行为，推动故事的关键，在主播的故事中一定要有至少一组冲突，可以是成功与失败的冲突、理想与现实的冲突、创新进取与安于现状的冲突。

②情感。情感的作用是：建立跟用户的连接，引起共鸣。比如，李子柒为照顾奶奶重返家乡，是对奶奶的情感，触发的是粉丝对亲情的动容；李子柒的手作视频唤起的是粉丝对传统文化的情感和炎黄儿女的自豪感。这些情感就形成了粉丝对李子柒的情感认同和持续关注。 主播在讲述一个故事的时候，也要适当注入情感元素，亲情、友情、爱情甚至家国民族情

怀，都能让粉丝产生共鸣。

③展示。展示的作用是：让观众或读者身临其境。想说自己为了梦想有很大付出，就要告诉人们到底有多大？使用“你知道凌晨4点的洛杉矶，是什么样子吗”，一下子就能将人们带入科比凌晨训练的情景。展示要有细节，细节更能打动人，比如“为了练习一支舞蹈，每个动作重复100遍”“为了唱一首歌，练到嗓子哑掉……”

④套路。有一段经典的对话，女孩问男孩：“为什么爱我？”男孩回答：“那段时间，我工作压力大，失眠烦躁，没有食欲。有天早上，我昏昏沉沉起床，看到你边查菜谱边给帮我准备早餐(行动)。那一刻，我暗暗发誓，一定爱你一辈子。”好故事都有模板：一段人物心理＋一个场景＋一个动作＋一种感觉。

要讲好一个故事，就必须把握以下四大要素（见表8–3）：

表8–3　直播过程中讲好故事应把握的四大要素

要素	简要说明
细节	有细节的故事让人听起来感觉是真的，所以能够相信
情节	没有跌宕、平淡无奇的故事没有人爱听，这需要主播有一定编辑的能力。比如，当下年轻人创业的问题：4700万大学生创业，3000万残疾人，6500万退伍军人
背景	有背景的故事能给人一种画面感，否则听者会失去兴趣，很多小说就很好地做到了这一点
情感	再好的故事，如果不投入情感去讲述，也会使之索然无味，也就不会有太多的用户捧场。比如，婆媳关系如何处理？

（2）扮角色：给用户带来情感共鸣

角色扮演之所以有效，是因为它引起的情感是真实的。这就是说，在角色扮演中主播给用户的任何感觉，就像用户在真实生活中的感觉一样强烈，这是角色扮演带来的情感共鸣。

主播的角色扮演，其所扮演的不是真实的角色，所以不必尴尬，放开角色原本该有的表现就是了。比如“你去休息吧，我也睡了”这句话，扮演角色的主播可以这样说：“爱卿退下吧，朕就寝了，明日再翻你的牌。”再比如“你把头发剪短了真漂亮！我们去散散步吧。”这句话，扮演角色的主播可以这样说：“走吧，凌波丽，使徒杀过来了！”这样的例子还有很多。主播不难想象，像这样的角色扮演将会给你的聊天唠嗑带来怎样的氛围！

主播的目的在于向听众传达一种思想、一种态度，并希望得到他们的认可和接受，从而达到激励人、鼓舞人的目的。要想让听众接受你的思想，就必须在主播过程中和听众在思想和心理上产生共鸣。这里所说的共鸣，是依据心理学“情感共鸣”的原则归纳总结出来的说服方法。要想与听众产生共鸣，就要努力寻找与听众之间的共同点，拉近双方之间的距离。

①开场白用平实的语言，道出自己与听众之间千丝万缕的联系，使听众产生情感和心理上的共鸣，为主播的成功奠定基础。

②针对听众的特征，分析他们的兴趣所在，选取听众感兴趣的话题，更容易激起听众的好奇心，更能把自己的思想和观点有效地传输给听众，进而产生共鸣。

③在其他语言的使用上，也要注意一些技巧。比如，能用“我们”的地方就一定不用“你”，能用“你”的地方就一定不用“他”，有效拉近主播与听众之间的距离，让听众感觉主播也是“我们”中的一分子，继而产生亲切感，产生共鸣。

（3）善幽默：在聊天唠嗑中表现出幽默感

幽默是主播聚集人气的法则，会说话、幽默的主播，一句话能把人说笑，一句话也能把人说跳，这就是因为主播善用幽默技巧。比如在聊天唠嗑中讲上文说过的幽默搞笑段子，能巧妙地把新人主播的缺点掩盖，把自己的闪光点放大。

幽默感分为两个方面，一是主播感受到幽默的能力，别人说一个笑话你能够想到其中幽默的成分；二是主播创造幽默的能力，在聊天时能让别人大笑。这两者之间的关系是相辅相成，无论增加哪一方面，另一方面也会随之增加。

但是，幽默是很难模式化学习的，因为它是人的一种思维方式。不是说一个人会讲笑话就是幽默了，幽默不是因为一个话题，而是因为这个人有幽默感。用非常严肃的口气说着非常荒诞的话，一点不像是在开玩笑，这才是出人意料的思维方式。如果主播没有这种思维方式，说出来的话就必定是合情合理、中规中矩的，也就没有了幽默可言。

因此，主播应该学习掌握一些幽默技巧：一是自我嘲讽，拿自己开涮，调侃自己的短板。二是在有了相当数量的粉丝，并且知道他们喜欢什么或讨厌什么之后，就可以委婉地揶揄他们讨厌的对象以达到幽默的效果。三是将积累的幽默段子信手拈来，吸引大批粉丝。四是凡是看到和听到引人发笑的点立马记录下来，再思考自己在直播中可以怎么运用，看喜剧同样也能从中找到许多素材。另外，除了幽默，在直播过程中，思考、时机、反馈、理性缺一不可，这样才能让幽默发挥出更好的作用。

幽默直播的技巧如下。

①自我解嘲。拿自己作目标消遣是最保险且最有效果的幽默。如此，不仅不会被听众看轻，还会让主播有一种雍容大度，自信满满的潇洒与特色。

②张冠李戴。讲笑话时，本分地将“原版”搬出，充其量只能达到笑话的转述作用。其实，只要将笑话中的人、事、时、地、物稍作修改并与自身环境相串联，就会产生完全不同的效果。

③“笑”行犯上。现代社会的组织渐行扁平化，主播与听众的距离拉

近，有些较开明的主播，会乐意接受听众的调侃或反讽。但在运用这种方式前，要对主管级人物稍加了解，不能贸然开口，以免惨遭封杀。

④夸大其词。一个叫“大头”的小孩哭着跑回家，对妈妈说：“妈妈！他们都笑我头很大，我的头真的很大吗？”妈妈边摸着他的头边笑着说：“你的头一点也不大！”仅这样看，没人了解其幽默点，但若配上夸大的手势动作，再摸一颗大头，那么“笑点”就会因手势与内容的矛盾而产生“笑果”。所以，幽默并非会讲，还要会“演”，相衬之下才能产生强大的功效。

幽默的忌讳如下。

①照本宣科。“亲们，下面我给你们讲个笑话。”如同将牛排大餐直接放到胃里，一点都体会不出味道。

②自说自笑。听一则笑话，听众笑得前仰后翻，主播却如冷面笑匠、若无其事、一脸无辜，这才是真正的高手；反之，只能让自己成为笑话。

③只要最基本的东西。笑话里有很多不必要的细节，听众就会失去兴趣，只要包括人物、时间和其他让这个笑话出彩的内容即可。

④脱离主题。为了在一开始就营造出幽默的气氛，硬凑个与主题完全无关的笑话，再好的笑话都会变得毫无价值。切记，绝不能为了说笑话而说笑话。

⑤本末倒置。一场直播，笑话是润滑剂，若全场以笑话贯串，主从易位，听众一无所获，反倒是听了一堆笑话，是一场失败的直播。

⑥提前预知。“各位大家好，我要以一个笑话作开场……”“我想跟大家说一个笑话……”这种幽默不叫幽默，不会有好的效果。

⑦别为你的缺乏经验说抱歉。永远不要说“我不是块戏剧演员的料”“我的笑话说得不好，但我会尽力而为”……否则，会在你开始说之前就毁了你的幽默。

⑧不要乱夸口。答应给听众一个月亮，他们就会期望一个月亮。因此，不要对听众说“这将是你们听到的最好笑的笑话”“让我们来听听这个笑话”……不要保证幽默，只要张口说即可。

第09章

开播准备：思想、平台、硬件、脚本、人员一个都不能少

直播带货大火，导致现在很多人都向往直播行业。新人主播跃跃欲试，匆忙上阵，但由于刚开始不知道应该怎么去做，或做法不当，败下阵来。现实中，许多新手要想开通直播间，首先要清楚自己做直播的动机，选好适合自己的平台，再做好最起码的硬件、脚本、人员的准备，就可以尝试踏出直播带货的第一步。也就是说，思想准备、平台准备、硬件准备、脚本准备和人员准备一个都不能少。

1. 思想准备：弄清从业动机，确定基本思路

直播带货正成为各行各业趋之若鹜的新领域，直播间正在变成各大品牌卖货的新疆场，多人都想做直播带货。如果你是一个新手，就应该有充分的思想准备，在入行之前，一定要搞清楚自己的动机是什么。

（1）弄清做带货主播的真实动机

如果一个人拥有演讲家能说会道的口才、导游对景区无所不知的专业、农民工甘做最辛苦的人的勤劳、明星对着镜头能上镜的颜值、销售员能卖货的能力，配上选品的眼光能力。那么，假以时日，他就是一个能够做带货主播的人。

你敢问自己能做直播带货吗？事实上，这个问题的答案不在于你的能力有多强悍，而是在于你是否真的热爱这个行业，这个职业。带货主播跟演讲家、导游、农民工、明星、销售员一样，都是值得被尊敬的职业，没有谁孰优孰劣之分。既是职业，那么能力定是能后期培养出来，只要有一颗热爱之心，就不会被外界所改变。所以，问题的答案就在你自己的心里。

如果你不是因为当下热门来凑热闹，也不是因为自己生意不好就来做带货主播，那么从一个小主播慢慢做起，积累自己的消费资源，磨炼自己的沟通能力，熟悉这个圈子的环境。虽然直播带货行业竞争激烈，但只要你认真地去对待一件事，结果是不会太差的。

（2）确定直播带货的基本思路

确定了自己做带货主播是因为发自内心的热爱，那么接下来，就要着眼于“如何做”的问题。这方面关键是要确定基本的直播带货思路。这个思路既包括方法也包括心态，因此需要想清楚。

直播前的思路是：首先，主播要注重前期的运营策划，从专业性、实用性或纯粹个人魅力的角度打造人设，在与粉丝的互动中赢得粉丝的信任。其次，选品是直播的核心环节，有几点要特别注意：一是产品的价格要与粉丝的容量相适应；二是产品的调性要贴近主播人设和粉丝的特点；三是产品的质量必须得到最有效的保证；四是产品的试用和演示应提前进行，避免出现现场失控的问题。

直播中的思路是：首先，要注重突出产品亮点，也要及时回应用户提出的问题，你的回答就会成为用户想下订单的原因。此外，还应该考虑产品的性价比，不要带一些价格很高的产品。其次，尽量营造一种氛围，引导用户进入购物情境，让他们感到舒适，让他们愿意下订单，在短时间内完成购买。要做到这一点，离不开主播的个人魅力。

直播带货后，要对本次的直播数据和带货数据进行复盘，以此来优化直播带货方案。数据包含总观看人数、每个时间段用户的在线人数、单次直播的涨粉人数、评论数、单款产品成交量、商品总成交额、评论热点等，通过对这些数据的复盘，主播能够更清晰地了解粉丝的喜好，找寻到更合适的直播时间、更适合的带货品类和价格、需要着重加强的直播内容等，从而不断调整优化带货方案。

直播结束后，要对本次直播的用户总数、每个时段的在线用户数、单个直播的粉丝数、评论数、单个产品的交易量、单个产品的交易总量、评论热点等进行复盘，借此更清楚地了解粉丝的喜好，找到更合适的直播时间、更合适的产品和价格，并需要重点加强对下一次直播计划的调整和优化。

2. 平台准备：选好适合自己的平台很重要

要做带货主播，如何选择适合自己的平台异常关键。我们在本书第四章已经介绍了淘宝、抖音、快手等几个主要直播平台的运营逻辑，在这里我们从新人主播的选品和供应链以及多角度综合评估平台两个方面，来帮助新人主播把握平台的选择。

（1）考虑选品和供应链的稳定性

选择直播平台要先考虑清楚自己的选品和供应链。直播带货的货品是直播间的中枢，联系着企业、主播和粉丝，覆盖了直播间所有的角色，可以说现在是直播产品性价比为王的时代，所以找对选品平台很重要。供应链同样是一个非常重要的考量因素，因为相对稳定的供应链可以保障在可控的情况下来进行选品。所以选品和供应链是息息相关的。

从选品和供应链角度选择平台，目前头部平台中的抖音和快手值得考虑。抖音上非标品更好卖，产地直销占比高，适合带货品类主要包括服装、日化、食品饮料这三大类，这些产品一般都属于冲动消费品、时尚消费品、大众消费品，产品基本上都是店铺上新和产地直销。快手上日用百货占比高，主要以食品饮料、美妆日化类、文玩用品为主，适合带货品类属于大众消费品、性价比产品、产地直销、新奇特品类。

（2）综合评估一个平台是否适合

评估一个平台是否适合做直播带货，要从平台和带货所涉及的流量情况、商品品类与价格、带货模式以及平台隐藏的机会点等角度进行评估。

从平台属性的角度来看，淘宝、京东、拼多多、唯品会都是电子商务平台，它们的共同点在于拥有成熟的内容矩阵和庞大的用户群，属于公域流量。淘宝直播是最早开始的，有薇娅、李佳琦等许多头部主播，大主播高度集中。京东直播是后起之秀，眼下还没有头部主播或MCN组织。

从带货属性的角度来看，淘宝有一个完整的产品品类，主要依靠头部达人卖货，价格在200元至500元不等。目前淘宝的直播采用商业直播+人才导购的模式。京东电商也有一个完整的产品品类，依托超级名人的孵化以及推荐优质产品。目前京东直播主要是超级网红提供优质商品。

短视频平台属于社交+内容的性质，主要以抖音和快手为代表。抖音的流量偏公域化，带货商品以美妆、服装百货占比最高，商品价格一般是200元以内的品牌货，有调性，非常符合抖音年轻化人群。抖音带货模式以短视频上热门和直播带货、通过内容种草实现转化为主。快手流量偏私域，其打造的"老铁文化"使得一大批达人品牌崛起。快手官方出台了一系列政策扶持直播，目前已经拥有大量头部主播，如散打哥、辛巴等，带货的商品多为百元内的低价商品，带货方式以达人直播、打榜、连麦等为主。

除了以上这些平台，百度、小红书、微博、微信等互联网平台也开始进入直播电商赛道，这对于新人主播来说也是机会，可以更多地了解哪些平台是获得粉丝的重要平台，哪些平台更容易成交，然后就去深耕这个平台。

如何选择适合自己的平台呢？要重点考察以下四方面的内容。

①平台流量。网站排名和平台的宣传是开发新用户开拓市场的一种手段，对于多数进入直播行业看直播的用户而言这不是选择平台的绝对参考数据，很多观看直播的用户都会有自己长期关注的主播和平台。

②直播排行数据。在选择这类平台时，要极其慎重，首先要考虑平台

新人主播的数量，平台越是火热，新人主播越多，但也会带来巨大的竞争力。直播行业没有流量没有粉丝是致命的。根据自身直播的特点选择适合自己的平台，如果是内容型的主播，可以选择带社交类型的直播平台，或者有内容可做的直播平台。如果是实力型的主播，擅长带动现场，又有一定的技能，大平台必然是一个很好的选择。

③平台收入。平台收入主要分为新人扶持政策和平台收入分成两个部分（礼物打赏）。新人政策很多平台都有。例如，直播时间达到多久奖励多少，或粉丝达到多少奖励多少这样的福利政策。另外，有些平台对于高质量的新主播曝光率的政策，都是主播在直播之前需要重点考虑的，要登录平台官网或下载对应的 App 查看详细情况，了解具体的政策内容。另外就是平台的分成，对不同平台礼物折现之后分成的具体数量是不一样的，也需要做一个详细对比。当然，不是说佣金拿得越少越好，还要考虑有机会拥有大量的流量。没有流量没有粉丝，就算平台给 100%，也没有任何价值。

④综合运营能力。这里的运营能力不单单是指主播的运营能力，还有平台自身的运营能力。好的有经验的运营团队，会针对市场和平台的主播定制特有的活动来吸引主播和平台的用户，内容互动才是直播的长久话题，活动只是互动的润滑剂。其次，对于主播而言，自身的运营、形象的塑造、直播主题内容的精练才是核心内容。如何在千万主播之间脱颖而出，吸引更多的粉丝，是主播需要花更多时间去思考。只有提炼直播内容，创造出更多更有价值的内容，才能吸引更多更有黏性的用户粉丝。

3. 硬件准备：手机、耳麦及个人形象等

所谓“工欲善其事必先利其器”，直播的手机、耳麦及主播形象等硬件是不可少的，因为这些都直接影响着直播的效果。我们将从手机、耳麦、摄像机等基础设备和与直播相匹配的仪容仪表主播形象两个方面进行讲解。

（1）直播设备：手机、耳麦、摄像机等

直播需要准备用户端使用的手机和电脑，来做实时直播。手机端直播所需的设备也非常简单，即一部手机和一个三脚架。另外需要注意的是，直播的手机最好是专用手机，免得一旦有电话进来中断直播。如果是电脑端的直播，需要连接摄像头，通过软件实现在线直播。

耳麦方面，室内直播一般用的是电容麦克风，室外直播用动圈麦克风多一些，具体型号的话就看自己预算了，从几百元到几千元再到几万元的都有。目前主播用的比较多的一般有得胜 TAK55、莱维特 240pro、blue en 300、艺炫 CM.X9 等，颜值高，音质好。

直播间的摄像设备至少要满足高清、稳定、低延时三个要求，才能在直播中呈现出完美的画面。摄像机没有上网功能，需要有 SDI 或 HDMI 信号接口，配置合适焦距的镜头。摄像机可以是索尼系列、杰维斯、天创恒大 TC-810 等，摄像头可以是奥林巴斯变焦和松下Ⅱ镜头。

照明设备一般由一个主灯、两个补光灯和辅助背景灯组成。主灯可以是直播间的顶灯，也可以是负责主照明的 LED 灯。补光灯的主要作用是

使画面更柔和，让主播的皮肤看起来光滑细腻。辅助背景灯一般安装在主播后的背景上，其作用是装饰和衬托气氛。

为了让直播间里的画面在镜头前更真实、更美，需要从色温和光源两个方面进行优化。色温有低色温和高色温，中间值 5600K 最接近自然光，最能反映物体的真实外观。如果没有特殊要求，可以选择此值。光源分为点光源和面光源。点光源将形成高光比，当人们站在一个点光源下时，高光和阴影明显，面部特征更加立体，但过多的阴影会影响面貌，并且呈现出的皮肤状态也不好。面光源具有光线柔和、自然、不伤眼睛的特点，直播使用面光源，整个画面看起来会很细腻，而人的皮肤在面光源下会看起来更好。

直播的环境直接影响主播的吸粉程度，干净爽洁的环境能够更好且有效地吸引更多用户，所以各位新手主播一定要重视自己的直播间环境打造。比如，很多主播的背景墙纸都非常好看，养眼，墙纸价位很低，但能满足直播间的一个环境要求，而且非常重要。另外，也有很多主播喜欢在房间放一些可爱的娃娃、布偶、植物、花等来衬托直播间的环境，这些东西没有什么摆放要求，随意就好，如果是平台合作的娃娃，那么一定要显眼。这些都是最低的要求，当然也可以追求尽善尽美，多多参考其他直播间视觉好的主播，他们有专业的灯光布置，而且十分到位。

最后要说的是，直播设备并非越贵越好，主播应根据自己的实际情况和直播内容选择合适的设备。

当然，在设备挑选时，要注意以下几个方面：注意手机的散热；不要离 Wi-Fi 太远，因为直播在房间里进行的；要保证网络是单独给直播使用的。

（2）主播形象：与直播相匹配的仪容仪表

主播的形象价值“百万”！

每一位主播对自己的包装是极其重视的。无论网络上的众多粉丝游客怎么说，最初能吸引他们的肯定是网络女主播的美貌。俗话说，没有丑女人只有懒女人。首先，用心把自己打扮得美丽动人是成功的关键。

主播易犯的错误是，总是按自己的喜好进行打扮。要知道，男女的审美观差异非常大，一大帮网络主播挑选设计出来的打扮通常会让网友兴味索然。

每个人都在追求“有趣的灵魂”，可是在寻找的过程中还是容易被“好看的皮囊”所吸引，这个看脸的时代，确实是长得好看的人更容易被喜欢。如果主播在颜值上并没有什么优势，那么就要从仪容仪表入手，弥补自己的劣势。事实上，新手主播不像老主播那样有一定的用户基础和内容基础，所以一定要在仪容仪表上给用户留下第一眼好印象，用户留住了就可以内容输出。

服装的颜色会对主播的人气产生很大影响。正确的颜色会让用户感到高兴，错误的颜色会减少用户对你的青睐。想吸粉就要知道自己适合什么颜色。衣服的颜色没什么好说的，每个人都有一定的审美观。选色后，可以做一些相应的配饰，如胸针、领结等，并注意全身的颜色不超过三种颜色。

主播也需要化妆，除了必要的水乳霜之外，隔离霜、粉底液、遮瑕膏、散粉、眼影盘、腮红、口红等都要根据自己的皮肤状况来做。有的人说自己不会化妆、手残等，大家可以学一学。开播前尽量把自己的妆画好，避免在直播间直播化妆。

具体包装步骤如下。

看看自己形象适合怎样的路线，了解网友普遍喜欢什么类型的女孩，比如，泼辣的黄蓉、乖巧的小昭、活泼的小燕子、小鸟依人的袭人等。既要投其所好，又要因人而异，萝卜白菜各有所爱，不能变成四不像。

最简单的方式，在众多受欢迎的电视电影等女主角形象中，选择一个（或多个）与自己外表、气质、个性最接近的，作为自己模仿的偶像。从各个角度用心地向偶像学习。最好平时经常对着镜子练习微笑、举手投足、仪态等，并在直播中不经意地展现出来。

最后，需要强调的是：把自己包装成网友喜欢的样子，并不意味着要取悦受众。即使能做到，也不要每时每刻都这么做。相反，一直按照一个模子来，反而会令粉丝产生审美疲劳，把原有受众惯坏，不利于吸收新的受众。正确的做法是，在 10%~30% 的时间里，充分激发粉丝游客的关注度；在剩下的时刻，让他处于期待状态，让他憧憬着你表现好的时刻。

4. 脚本准备：用大纲梳理流程、管理话术、参照内容

做直播，第一步是做脚本。没有脚本，主播对直播就是完全陌生的。不知道今天会面对什么样的人，不知道今天要讲什么样的话，不知道自己的主题方向在哪。

脚本准备是开播前各项准备工作中的重中之重，无论是主播本人还是其背后的团队，都必须予以高度重视。直播脚本虽然不一定像拍电视剧和电影那样那么详尽和烦烦，但至少有一个大纲，它能够起到一个梳理流程，管理主播话术的一个作用，让主播根据脚本的内容做一个参照，这样才会有有条不紊、行云流水的直播状态。有什么事情该做，什么事情不该说，或者什么没做，这些都可以通过大纲来提醒。

（1）直播脚本类型与调整原则

脚本可以分成三大类：第一类指的是UGC的脚本，就是以甲方和企业生产内容为主的脚本，包括主播的个人商品活动信息。第二类是相对比较专业的PGC脚本，有主播、嘉宾，还有游戏以及核心的信息，是甲乙双方一起生产内容的。PGC脚本就是用户生产内容，等于让用户现身说法，说自己的产品怎么样，但是也不能完全依靠用户，因为双方需要通过互动，才能使直播间显得更加生动、更加有说服力。第三类是比较专业的晚会脚本，这里面有明星现身、广告植入，以及猜谜、抽奖等，如同“双十一”晚会的一个范本。对于没有直播经验的新人主播来说，把第一类做

好就可以了。

脚本不是一成不变的，是需要不断优化的。一场直播在按脚本执行的时候，可以分时段设计各种问题和相关数据，结束后进行复盘分析，了解不同时段里的优点和缺点，对优点进行优化，对缺点进行改进，不断地调整脚本。

另外，直播的剧本有一个不可更改的原则，即正面导向和传播正能量为主，切忌低俗！

引出话题。这里的话题是开放式的，而不是判断题，比如，看了什么电视剧。提出一个话题后，还要将自己的观念抛出来。比如，你今天吃饭了吗？然后，说我今天吃了什么。接着，说我记得今天吃了非常好吃的东西……这时就能将话题延展开来。比如："我今天吃的蚝油生菜，但觉得蚝油有问题，得仔细调研一下这件事儿……"

提出"痛点"。比如，洗碗机。很多人喜欢做饭，但不喜欢洗碗，在家里就容易产生夫妻矛盾。做饭是创造性劳动，洗碗机是机械性劳动，为了孩子的健康，为了家人的和睦，就可以使用洗碗机。

建立信任。要想在直播间获取信任，第一，就要突出优势和产地，比如，工艺复杂、体现畅销、借势权威、顾客证言、产品演示。比如，茶叶，"这个茶叶来自……只有一小片土地每年能出产此品种茶叶，品质特别好，工艺复杂……"如此，消费者才会觉得说这个东西值得买。第二，要体现畅销、专家人设等。第三，提高直播对产品的专业，由表及里，分步骤描述，包装、规格、成分、色彩、触感、口感以及使用时的感觉。第四，介绍产品卖点，选择 1~2 个最突出的、最能打动人的产品优势进行深度描述。第五，诱导消费，解决成本问题：金钱成本、形象成本、行动成本、学习成本、健康成本、决策成本。第六，素材介绍，比如，怎么安装；有没有上门服务；厨房太小放不下怎么办；有没有其他颜色；用洗洁精可以代替洗碗粉吗。

（2）直播带货脚本时段与内容设计

直播脚本其实就是写一个整体的大纲，以明确直播主题、控制直播节奏、安排直播分工、预热开场、直播互动、产品讲解、产品评价、抽奖、案例分享等。要根据时间，写下直播室每个环节的顺序，以及需要多少时间和相关内容的要求。这是一个完整的直播大纲。

直播带货大纲一般为30分钟，每几分钟为一个时间段，各时段都有详尽的内容（见表9-1）。

表9-1　30分钟直播带货大纲的时段设置及其内容

时 段	直播内容
0~5分钟	拉家常、聊八卦，拉近与用户的距离；对产品的产地、历史、口碑、销量等数据进行包装和渲染，以吸引眼球。但先不用说具体的产品，以引起用户的好奇心和聚集人群。这个时间段应该先预热，如果一上来就卖货，效果反而不好。而应该有一些家常八卦、笑话等方面的内容，密集预热高潮点，高潮点的密度和集中度将影响直播的生动性和可信度。当然也要在聊的过程中加进产品信息
5~7分钟	这个时间段应该宣布一个重大的福利，就比方说邀请进直播间排名次，排在前三名的会发多少红包或者给现金等。这个时候如果能留住用户，那么直播间的人气自然就会越积越多。而且这些福利要在整个直播过程当中，见缝插针地给用户反复地讲
7~12分钟	这个时间段开始强调产品的一些功能属性，尤其是把以前用的产品案例拿出来给用户分享一下。现身说法可以通过图片的形式，也可以把用过产品的用户请到直播间来给大家讲。这个时间段基本上是通过反复的福利加上产品用户现身说法，来起到一种锁客的作用
12~16分钟	这个时间段就要出产品的一些证书，比方说三证、获奖证书这些资料。要注重说服用户和用户，把产品的差异化优势给描述出来，形成竞品所没有的独特优势
22~27分钟	这个时间段就是出单了。一定要把产品的性价比、独特的优势营造出来
27~30分钟	这个时间段就是相对的饥饿状态，比如拼团、秒杀都是可以实施的，让整个直播的气氛推到极高点

所谓“凡事预则立，不预则废”，如果想在直播领域有所作为，就需要反复研究剧本的每一个时段和每一个细节。事实上，只要将各时段重复循环，熟悉后加上自己的一些灵活应用，就可以提高自己直播间的带货效率。

5. 人员准备：主播、副播、导播、助播、美工、客服

人员准备包括主播、副播、导播、助播、美工、客服和水军，一开始其实也没有必要准备这么多角色，但作为一个直播团队，至少要有主播、导播、助播、客服，有条件的可以请水军。

（1）直播间的人员工作职责

主播工作职责：介绍产品，互动用户，掌控直播现场。

副播工作职责：交替上场，展示效果，带动气氛，提醒促销。

导播工作职责：布控直播前中后，保证直播的整体流程性及效果。

助播工作职责：数据运营，场外监控，数据跟踪，画外音互动。

美工工作职责：宣传素材，话题润色，广告视频，空间设计。

客服工作职责：直播互动，回复咨询及下单、抽奖、登记等。

直播间要配备哪些岗位？这里，还有一个分类：

第一类，豪华版配制——适合类目 top 店铺

主播 4 人：负责在直播间做商品演示、推介、活动解说、促成下单，每个主播 4 小时，2 人白班、2 人夜班，可支撑 16 小时。

场控 2 人：负责把控直播进度、商品和活动节奏，1 人白班、1 人夜班。

助播 2 人：负责中控台操作、公告发布、配合抽奖、文字回复粉丝提问，可由场控兼任。

运营 1 人：负责直播间商品规划、活动策划、与店铺运营进行商品规划、价格同步、活动对接。

客服：负责接待直播间粉丝下单、备注订单优惠、赠品等信息，由店铺原有客服兼任。

美工：负责制作直播间封面、活动素材，由店铺原有美工兼任。

第二类，中档配制——适合腰部中型商家

主播 2 人，可支撑 8 小时直播。

场控和助播由运营兼任。

第三类，乞丐版配制——适合小店铺

主播 1 人，可支撑 3~4 小时直播。

（2）直播间的直播工作流程

一个直播间，主播是第一位的，他是一个直播间生存和发展的基础。其他人员包括副播、导播、助播等都应以主播为核心开展工作。而一场好的直播，想让粉丝跟上你的节奏，也需要一个清晰的工作流程，进行预先策划、充分协调、良好演绎，这样才能达到完美的效果。

由于每个直播团队的岗位有不同的具体工作流程，团队可以根据自己的工作内容去设计，剩下的就是各个岗位的工作对接，对接后整个流程就跑通了。因此在这里就不对直播工作流程展开了。

直播间每天都会进入“大战”时刻，整个直播团队都在忙着，好像总有做不完的事情。其实，只要有一个清晰的工作流程，加之每个成员之间的互动配合，就能轻松高效地度过充实的一天。

剧透款。直播之前或直播之后，要重点要进行产品的预热。

宠粉款。该产品仅在开播的时候有。比如，开播的时候就有“九块九秒杀”。或者抽奖福利。当越来越多人守护你开播的时候，直播间的听众自然也会越来越多。

爆款。直播过程是一个流动的过程，今天用户可能在看，觉得“哦，这个老师可能长得不好看”，就走了。直播时，很多人进出，会问之前已经解答过的问题。很多主播在卖产品的时候，都是说我今天上30款产品，每个产品讲5分钟，1~2分钟就下坡了……这样做，很傻。因为，一个店铺里永远是那几款产品好卖，其他产品都不好卖，因此直播的时候，不要对每个产品都做同样的展现。

福利款。在直播间里不可能所有的产品都是拿来做利润的，要让粉丝觉得50块钱有更多的优惠，这时候不管是做店铺，还是做达人，都要将那些可能不挣钱、赔钱的商品穿插到整体直播里去，就能拉长在线时间。

第10章

带货前奏：直播带货六大引流方式

直播带货的基础是用户。只有不断吸引到新用户，才有可能实现转化，增加产品交易量。对于刚刚起步的新主播来说，如何在短时间内积累人气？一些新主播会在前期尝试以试拍的方式获得官方的热门推荐，但这种方式的用户积累过程相对较长。从那些成功的主播的经验来看，有六种有效的直播引流方式。这些方式适用于用户量处于不同阶段的直播账号。

1. 廉价商品引流：以低价商品引导用户关注

用户流量比较小的主播会通过价格极低的商品引导用户关注。为了控制成本，他们一般会在关注的用户中，选取少部分送福利。低价引流是一种可行的方式，当然，不能刻意造成一种“人人都能得到免费福利”的错觉，夸大宣传是很伤害用户的。

（1）淘宝直播间的低价引流

淘宝直播间的低价引流已经形成了以下三个比较成熟的模式（见表10–1）。不要小看这些，事实上，这些模式正在被越来越多的主播所模仿！

表10–1 淘宝直播间三大低价引流模式

模式	解析
库存+直播带货	这种主播是专卖库存尾货的。他们之所以喜欢这种模式，一方面，是可以把价格控制在市场价以下；另一方面，他们中的一些人本身就是库存商或是尾货批发商，是通过直播带货来清仓的
促销+直播带货	这部分主播希望在直播初期能迅速稳住脚跟，所以他们注重低成本引流，甚至有人赔钱在做。其实，淘宝直播对新手有一定的支持，在主播初期能把数据做好争取更多的流量和曝光是一个值得关注的问题，所以这部分主播选择了这种方式
网点+直播带货	由于部分第二批类的企业或网点在直播带货浪潮中受到了冲击，于是就有不少人边批发边直播零售，有的网点甚至直接改为直播零售，这样的网点不在少数。由于没有个人网络批发商这个中转环节，因而价格不会很高

淘宝直播间这么多的主播选择做低成本的引流，无非是看中了低成本的高转化率及其快速吸粉能力。目前，这类人群的比例正在逐步提高，受

众也在不断增长。因为，操作比较简单粗糙，不要技巧，不要专业，只靠低价格。不过这些低成本产品并不是偷工减料的产品，这些主播的“低价”也仅仅是低价，否则将被退货退款，这将严重影响其直播间的形象。

（2）抵制低价低质，倡导优价优质

在直播过程中，低价可以作为一种策略或方式而被采用，但低价的同时如果低质则是万万不可的。低质产品披着“低价”的外衣是有很多危害的。其实淘宝、拼多多等平台的存在已经让价格变得公开透明，如果主播隐瞒实情，东窗事发之时，就是声名狼藉之日。因此，没有价格管控的低价低质品，主播要慎之又慎，否则将为售后埋下灾难隐患。

与低价低质形成鲜明对比的是优质优价。所谓优质优价，就是以有优势的价格销售优质的产品。进一步说，就是主播通过与供应链的合作，获得产品品质和价格上的优势。对于主播而言，优质优价有助于其在供应链合作中释放创造力，也能让他们获得更多利润空间，并且又反过来将这一部分利润用于引流，从而很好地维护了自己的基本盘。如此操作时间长了，主播的粉丝消费量和消费诉求都会提升，这就进一步形成了更坚固的壁垒，非常具有竞争力。

通过“优质优价”的策略，不仅主播的创造力可以释放出来，还能从产品销售中获得更多利润。反过来，主播就能从这部分利润中，拿出更多的钱宠粉和引流，维护好自己的基本盘。

①直播带货需要极快的产品更新速度。每天带货都有新产品和新链接叠加上去，销售才能像滚雪球一样越滚越大。参与直播带货的粉丝，有着很大的重复性，缺乏新品，会让粉丝对直播慢慢失去兴趣；而“优质优价”却能吸引到更多优质资源跟主播合作，保证上新速度。

②直播带货对后端服务能力要求很高。如果缺乏后端服务能力，没有跟供应链合作，售后就会异常被动。每个愿意在直播间消费的粉丝都值得

珍惜，出现问题后才进行维护，比预防问题出现成本高了许多；同时，高质量的粉丝还能带来持续返单。

③直播带货需要资金优势。直播带货逐渐“渠道化”的时候，需要在资金上有足够的优势，以便在人气上升期快速扩大红利。因此，主播必须跟有强资金后盾的供应链合作。好的供应链产品数量多、品类全、颜值高、技术新，还能凭借资金优势做到集中采购，进一步管理风险，这都是主播的刚需。

长期坚持“优质优价”，粉丝的消费质量和消费诉求都会获得极大的提升。粉丝想高消费，离不开主播提供的高消费机会，需要商家不断提供品类丰富、数量庞大的“优质优价”产品。一旦主播有了稳定的成交转化，就能吸引更多更优质的商家愿意以全网低价来进行合作。由此，主播赚得更多，粉丝更愿意返单和裂变，主播宠粉力度自然也就水涨船高，继而进一步形成更深厚的壁垒。

2. 购买官方直播推广：按引流数量付推广费

购买官方的直播推广。简单来说，就是官方做直播推广，然后按照引流过来的人头数量扣费。淘宝、抖音、快手、花椒、QQ 群等各类直播平台，以及直播类 App 都有这种方式，为主播开辟了很多渠道。

（1）综合考虑后，再决定推广费

通过直接购买官方的直播推广是一种相对简单的引流方式。需要注意的是，这种方式不是说花钱了就一定有人气。比如晚上的直播高峰期，很多主播会扎堆花钱做推广。然而看直播的人数就那么多，那么这个时候相应地也要提高推广预算。

以快手为例，快手的系统会默认每个人头推广费为 1 个快手币（相当于 0.14 元人民币），如果还按照每个人头 1 个快手币来做推广的话，可能根本就没有效果。所以，主播必须综合考虑，要根据预算、直播分享的时间以及想要达到的效果等因素，然后再决定推广费。

这里，主播一定要记住自己的直播目的。聚人动作！

比如，电视购物，一般都会不断地包装渲染产品，包括品牌的产品实力、工艺背景。为了让人们记住，会不断地反复，一轮一轮地去讲，但基本上不会具体地去说，此产品会起到什么作用，仅仅是为了引发观众好奇。观众看到这些，就会想：这到底是什么东西？然后，在好奇心的驱使下，就会看一看、瞧一瞧。直播同样如此。

在直播前期，要做好所有的准备。比如，做宣传海报的时候，要把设定好的文字软文写得更加吸引人，图片修得更加吸引人；然后，在朋友圈、群、微信好友里不断地宣传，引起粉丝的好奇，让他们产生订阅直播间的欲望。然后，到各个群进行转发、渲染，比如，本场直播，我们给大家准备了什么福利、什么大奖，所有订阅我们直播间的人，都有利可图！

（2）直播平台推广引流小技巧

在目前来看，网上直播平台相当多，各个平台都有自己独有的主题，有些侧重母婴类，有些偏向美妆类等，选择一个适合自己的直播平台合作，就相当于拥有了成熟的推广工具。

直播引流有这样几个优势。

①引流成本低。做直播非常简单，只要下载软件，注册账号，即可开始直播，几乎不需要多少成本。如果内容精彩，就能吸引更多的粉丝。

②增加曝光率。直播平台是公众传播平台之一，不管是个人联系方式，还是个人形象，多一个渠道，就能多一些曝光的机会。

③粉丝的黏度较高。如果粉丝喜欢主播，就会有一定的忠诚度，主播只要能持续输出内容，粉丝留下的概率就很高。

④打造个人 IP。引流只是聚集粉丝的一个方式，如果能打造个人 IP，引流的效果会成倍放大。

⑤转化流量、变现流量。在直播平台上，很多主播依靠巨量的粉丝为商品、为活动引流等，顺利变现。极有代表性的是手淘视频直播。手淘视频直播是淘宝于 2016 年重点打造的“边看边买”内容导购社区平台，手淘首页下滑至“淘宝直播”，就能看到。

平台选择问题我们在前面讨论过，这里介绍几个非常具有实操性的直播平台推广引流小技巧（见表 10–2 所示）。

表10–2 直播平台推广引流小技巧

技 巧	操作指导
弹幕引流	弹幕是最常见的引流方式。不过要找那些与自己需要推广的产品相类似的直播间来做。因为这些直播间里很多粉丝，你刷的弹幕一会儿就会被压住，即使你自己刷也未必能看见
昵称引流	昵称也就是名称，也可以用作引流的一种方式。名字是一个人在网上的名片，无论出现在哪里，都应该能够让用户记住你。所以当你注册时，登录账户是你的名字
头像引流	绝大多数用户第一眼看见的是头像，这也是引流的重要一步。头像的设置一般以年轻女性为主，这更容易被用户接受。如果将自己的产品当作头像，貌似很好但过于直接，会引起用户的警惕。即使软文中没有营销内容，用户的第一印象也未必会好

视频直播平台该如何成功引流呢?

①形象让人眼前一亮。主播要让粉丝看到自己的一举一动，因此必须提升自己的形象。第一，要通过服装、饰品等，打造出不同的自己。第二，提升自己的品位。品位，决定了一个人的档次，要想让更多人喜欢你，就要不断学习、打磨，提高个人的品位。第三，与粉丝分享一些冷门但优质的音乐，或一本好书，对粉丝保持微笑，提醒自己收腹、挺胸、双肩放松。第四，特长是吸粉的关键。无论哪个视频直播平台，最红的主播都具备一定特长，唱歌、跳舞、弹琴、脱口秀、讲笑话等。试想，一个外貌很普通的女主播，唱歌却很好听，或唱歌虽不好听，但会跳舞，也能让自己闪露出光芒，粉丝就被吸引。如果主播容貌极佳，但没有任何特长，坐在摄像头前一言不发，粉丝也许会因为主播长得好看而进入直播间，但坚持不了几分钟，就会感到无比乏味，选择退出。

②巧妙视频介绍大引流。很多视频界面都会有一段简短的介绍，只要快速浏览，就能知道该视频频道有哪些内容和精华。所以，为了让粉丝了解你的风格，愿意主动关注，并形成持续化，主播应当写明自己的直播特点是什么，如“周一互动情感”“周二游戏大直播”“周五你点我来唱”

等。不要小看这短短的近百字，一个账号的基础简介，一段视频的集中说明，都会在此快速展现。甚至还可以添加个人微信号，一旦粉丝感兴趣，就会通过这段说明直接找到你。例如，可以将自己的微博、微信号写入简介，当粉丝产生兴趣时，不仅会关注视频直播账号，还会迅速找到微博地址，成为你的铁杆粉丝，达到引流的效果。

3. 用户帮忙：引导在线用户增加人气热度

直播过程中要继续引流，主播引导用户帮忙是个可行的办法。主播可以引导在线的用户帮忙增加人气，提升直播间的排名。直播间的排名越靠前，看到也就越多，更多用户能进来的概率就越大。主播引导用户帮忙本身是没有什么问题的，就看怎么去引导。最健康最积极的方式就是通过输出的直播内容来引导，而不是第一次见面还没熟络就去“请人帮忙”。

（1）通过抽奖，引导用户帮忙

抽奖是主播做内容输出不应忽视的一个方面。在直播过程中，主播通过抽奖跟直播间的用户互动，用小礼品锁定用户，吸引流量，效果一般都比较好。在设置抽奖活动时，不妨要求用户在开奖前达到一定数量才会开始，然后趁机让用户将直播内容分享给朋友圈，以吸引更多的用户。

薇娅每次直播的第一件事就是抽奖，不管是哪场直播、什么主题的直播，她都是雷打不动地搞抽奖活动，而且抽奖口令简单且具有标签性，比如哆啦薇娅或者和节日相关，比如愚人节快乐或是和产品相关。固定的开场形式，在无形中给用户心中打上了标签，很多老用户即便抽不到奖也会蹲点看薇娅直播。

如何转化到微信？具体方法有很多。比如，加微信领取红包、加微信领取优惠券、群二维码裂变。举个例子，前 50 位进群的小伙伴，再邀请一个人，就可以获得什么样的神秘大礼包，只需要付邮，比如说 9 块 9。

此外，还有直播间口令，参与免单抽奖。假设设置一个口令就叫女神节，在微信里“去私信”这三个字给客服小伙伴，比如，“前 20 位，都可以得到一个神秘大礼包，仅限前 20 位，先到先得”。要努力制造一个紧张的氛围，反复强调参与方式。比如，“还差 5 个，就可以抽免单了，现在大家可以马上预约参加抽奖”。如此，就能制造一种紧凑感。

（2）直播间限时秒杀，汇聚用户

“秒杀”是网上竞价的一种方式，将热门商品放到网上，几十件、上百件马上被一抢而空，有时甚至只用一秒钟。所有参与“秒杀”的产品都以不可思议的低价呈现，全国各地数以百万计的顾客一到“秒杀”时段就会守在电脑前不断点击和刷新，进行抢拍。时间稍纵即逝，参与“秒杀”的商品拍完就会下架。

主播的内容输出是多方面，秒杀也是其中之一。秒杀活动可以让用户得到更为实惠的商品，是用户非常喜欢的营销方式，也是主播值得尝试的引流策略。主播靠这一做法可以成功汇聚用户。

不要以为直播秒杀肯定能为主播带来更多的销量，一些策略掌握不好，客户是不会买账的。尤其是语言方面的技巧，更需要主播做好才行。语言技巧的运用，关键在于主播怎样去吸引客户。比如，秒杀前要用语言造势，让更多的用户有积极参与的感觉；直播中可以告诉用户几点开始直播秒杀，并讲述产品的信息，届时会有更多的用户参与秒杀活动。

在实际的操作过程中需要注意以下几个问题。

①产品货源。想找到合适货源，就要关注 1688、义乌等网站。这些网站里都有大量完整的微商、社群产品供应链体系，可以提供一体化服务，产品 + 邮费是 4~8 块钱，不管怎么样，都能赚钱。

②快递。不是每个人都能找到 3 块钱左右邮费的快递，做这种产品一般只适合部分有物流供应成本优势的地区。

③账号（损耗）。这是在规模化运作过程中一定会遇到的问题，如封

号、降权等，目前抖音号的成本在不断上升。

④流量。在讲这个问题之前，先来给大家分享一个项目的核心数据：

3.5（产品成本）+2.2（快递成本）=5.7 元（总成本），

1+16（邮费）=17 元（成交额），

17–5.7=11 元（净利润），每成交一单，赚 11 块钱。

如果手上有 32 个账号开直播，平均每天出 9000 单，一天的毛利大约就有 9 万元，主要是靠自然流量，广告成本几乎为 0。回到流量问题，对于多数人来讲，账号的流量主要来源是这样的：直播广场流量、视频推荐流量、付费流量、打榜，流量问题完全可以通过做自然流量的账号矩阵以及投放豆荚来解决。

4. 向大V“借”流量：想办法蹭大主播的热度

对于一个鲜为人知的小主播来说，涨粉非常困难。一些小主播非常聪明，他们想方设法去蹭大主播们的热度，钱少的人刷礼物寻找存在感，钱多的人则打榜连麦。这些方法对其他小主播来说很有借鉴意义。

（1）刷礼物发红包赢得曝光机会

所谓福利留人就是要留客，把客人留在直播间。比如，电台一旦确定了营销方案，就会采用神秘大奖、现场抽奖等方式去留住顾客，不让他们转到其他频道。这时候顾客就会想：我能不能中奖？家人同意吗？每个人都有一种占便宜的心理，更喜欢碰运气。不管是中奖，还是抢红包，只要抢到一个手气最佳，就会觉得今天的运气很好。同样，直播也可以利用这种心理和方式。可以先准备一些礼品，在开播之前，把礼品摆好，让观众一进到直播间都能直观看到。此外，开场的时候，除了主打的产品外，还可以直接告诉大家：“本场直播，有什么礼品赠给大家……”如果有搭档，可以重复提醒，不断地抛出利益，不断地留客，让更多的人在直播间中待得更久。

在网络时代，信息繁杂而又难辨真假。主播身处网络大潮的风口浪尖，如何保持曝光率十分重要。尤其是那些小主播，通过给大主播直播间刷礼物或向其发红包，都能有效赢得曝光机会。例如，辛巴和徒弟在直播间卖货时，很多小主播都来刷礼物寻求曝光。或去各大网红直播间刷礼物，涨粉丝。另一个例子是，散打哥与各大头部网红主播在自己的直播间联播时，很多小主播跑来送红包，吸引了许多人的眼球，增加了曝光率。

当然，在提升热度过程中，小主播需要适当地向用户暗示自己是热门、优质主播，路人用户会有更大的可能性关注你，来到你的直播间。

（2）通过打榜，获得连麦机会

连麦这种方式，主播通常根据用户的打赏额度来决定与谁联系，一般排名前三的用户才能连麦。当然不同主播获得的连麦条件也不一样。如果连麦的主播用户数量足够大，有助于小主播最后实现用户转化。例如，在与大主播连麦时，可以通过抽奖、送红包、送手机话费等方式吸引用户的注意，并借此引导用户加群，承诺从群中抽取奖品。有时也能直接促进商品的销售量。由于打榜的用户与直播没有关系，因而在购买商品时会考虑产品性价比。其实，和大主播连麦的方式相当于从他那里花钱买广告位。

连麦带货也衍生出一些非标准操作，甚至演变成两个主播约定圈钱的行为。对此，平台方面也采取了一定的措施，如快手平台规范连麦 PK 卖货的销售行为。

同时，在这个基础上，只要跟观众说："我们的直播活动力度这么大，这么有价值，各位要不要把这份价值分享出去？只要邀请三个伙伴观看直播，就可以找群主领取一套……如果邀请 10 个人，就可以免费领取一份产品体验。"

这时候，对产品感兴趣的客户，多半都会主动地把直播分享出去。之后，就可以说："各位，我们有个邀请排行榜，只要你在榜上有名，我们就免费送你一盒产品。大家想上榜吗？"

5. 构建账号矩阵：大小号之间相互打榜、引流

通过账号矩阵实现引流是许多主播使用的一种方法和技巧。通过大、小账号之间的交互、转发、评论等，创建一个 IP 账号形象，增加粉丝数量，然后通过优化数据来提高受欢迎的概率。

（1）账号矩阵引流机制

账号矩阵的逻辑是，以大 IP 为流量池中心，并对流量池进行细分，将其转化为垂直流量，从而实现流的二次和三次转化，增加粉丝黏性。

首先要精准定位账号，也就是想明白走什么路线，发什么视频等。然后先开一个账号，等做大后再开各种小号，让大账号和小账号相互打榜，相互引流。当用户较多时，通过账号矩阵来收集流量并加以充分利用。

目前，很多主播的大小号已经打通了不同产品的门类，覆盖了不同年龄段的用户群，并在不同的高峰期开始播出，形成了大小号相互带货与引流的协同增长效应。

（2）账号矩阵引流变现应注意的细节

无论是一个单一的账号还是一个矩阵，其目的都是实现引流及变现。因此在创建账号矩阵应注意细节（见表 10–3），否则不但不会增加粉丝流量，还很有可能在运行过程中被降权或被封禁。

表10–3　账号矩阵引流变现应注意的细节

序号	内容
1	在做账号矩阵之前，必须将每个账号作为一个独立的系统来运营，这样每个账号都有一个完整的内容呈现
2	操作前一定要注意账号和IP地址。另外，不要总是对别人的作品进行点赞评论，因为这样会导致平台的系统认为这个账号是一个做营销的，并有可能被降权
3	做账号矩阵应统一定位，不能有太大的跨度，否则精力分散，不易取得效果。
4	运营过程要关注一个流量比较好的平台，最好发布内容到有相似的算法的平台上，这样才会出现1+1>2的效果
5	无论是做单号还是做矩阵，好内容在哪里用户就在哪里。内容矩阵已经抓住了短视频获得红利的机会，但是单一账号的发展有其局限性，通常需要扩展品类才可能获得更多用户

6. 资源位引流：淘宝、拼多多资源位引流方法

平台上每个活动存在即是合理，存在即代表会对商品的销售额做出贡献，所以关键在于适合地参加这个活动，在活动的资源位中抓取流量。许多平台如淘宝、拼多多、每日好店等都有资源位。下面就来介绍一下在淘宝和拼多多资源位引流的方法。

（1）淘宝资源位引流方法

淘宝资源位相当于广告位，主播可以通过淘宝资源位获取流量，提高直播间和产品的曝光率。淘宝平台上有很多资源位，一个好的资源位可以起到非常大的推广和引流作用。那么，如何获得淘宝资源位？可以运用如下技巧（见表 10–4）。

表10–4　淘宝资源位引流方法

方 法	操作指导
选少搏多	如果要获得更多的流量，建议从较少的资源位选择到较多的资源位，通过启动测试选择适合存储的资源位，并根据预算大小调整资源位的数量
定位手淘资源位	由于手淘的流量大、效果好，因此可以适当支付较高的保费，对这部分资源进行定位，获得更多的流量
招标参考	参考淘宝的“竞争流量”索引，选择需要更多流量的资源位，并为该资源位设置更高的溢价
资源溢价的优化	先将初始保费设置为10%，然后在一段时间内更改保费，要以流量决定循环的时间长度。每周期增加5%的保费，以获得更多的流量；根据流量的增长和变化，直到保费获得可以维持流量的价格

（2）拼多多资源位引流方法

拼多多平台常见的资源位有9.9特卖、秒杀活动、爱逛街等，这些资源位是用户经常光顾的地方。在拼多多若是有资源位的话，不仅可以提高产品的曝光度，而且对于直播间整体的转化和流量获取都是十分有帮助的。那么，怎么获取拼多多资源位？

目前，主播在拼多多平台上可以参与的活动可以分为营销活动和竞价活动，可以注册的活动很多，但注册的要求也比较严格，比如对权重的要求。一般来说，营销活动不需要额外付费，只要产品符合注册要求且库存充足；竞价活动则需要支付一定费用，具体费用视情况而定。

要想在拼多多平台上争取到资源地位，就要自己直播间的优势，更准确地优化产品，提高通过率。具体方法如表10–4所示。

表10–4　拼多多资源位引流方法

方法	操作指导
画面规范美观	商品的主画面必须规范美观，尽量使商品具有一定的文字说明，突出销售信息及其特点。不美观、损害平台形象的，将被平台直接拒绝
避免同款	同一个主播不能选择同一款，尽量不要与其他商品同款，否则高昂的价格会被平台驳回，而且类似款式的平台也有限制
勿制定间隔价	服装商品最好不要制定间隔价，这是平台上不允许的
勿做低价引流	在拼多多平台不要做低价引流，也不要更改已经申报商品的名称，否则被平台发现后会受到严厉惩处

第11章

制造爆款：直播带货的规律和技巧

任何一次成功的直播带货都必须符合商业本质，也就是能够有效解决“卖什么、卖给谁、怎么卖、啥价卖”的问题。成功背后的规律在于，通过利用用户对商品的刚需或弹需，刺激和满足用户的购买欲望，从而给用户提供了一个坚定购买的理由。事实上，这个过程的高明之处，体现在导流并留住用户、心理价格战、展示优质内容、给出解决方案等方面，而这些恰恰是制造爆款的关键性技巧。

1. 直播带货，先要导流并留住用户

直播带货，流量第一。如果你的直播间没有用户，任你的产品再好、优惠力度再大，那也是徒劳的，所以流量是爆款的关键因素。只有先导流并留住用户，才能制造出爆款产品。

（1）直播前和直播中的导流方法

直播间里最怕没人，也最怕无人回应主播，场面尴尬难收。其实，如果在直播前和直播中采取一些方法即使一个新手主播也能提升直播间人气。

成功实现导流，直播前的预热很重要。下面几个方法（见表 11–1）都是说明怎样在直播开始前进行直播预热，为直播间引流。

表11–1　直播前的导流方法

方 法	操作指导
优化直播间标题、封面	标题应在10字内，这样便于吸引用户点击。封面最好使用1 : 1高清图，选择高清能吸引用户眼球。直播竞争的主要是直播间点击率，而一个优质的封面、简介等有助于提高直播间的转化率
发布短视频预告	提前3~5天发布短视频预告，方法是在短视频的内容、文案、评论中，加入直播日期、主题，以及主播个人的昵称、简介等信息
发布直播短视频	在直播当天开播前的15~45分钟，发布一条开播前的预热短视频，这样对于直播间流量有很大的提升作用。如果这个时候正好在做直播，就能把用户引入直播间。如果当时没有做直播，但是用户进入你的主页后，发现了你的直播预告，也有可能进入你的直播间。所以，直播前个人简介信息里添加直播预告很重要

续表

方 法	操作指导
站外流量预热	这方面包含但不限于社群、微博、公众号、小红书等。在粉丝群通知你的粉丝，开播时间到啦，并在开播前几分钟提醒粉丝进入直播间。另外，同城具有非常大的流量，注意开播的时候一定要打开定位，这样同城的人才容易进入直播间

标题推荐：

畅想型。比如：

给我一支口红，我就可以撬动男主心脏！

给我一支唇膏，可以撬动地球！

痛点型标题。比如：

告别痘痘肌肤的护肤方法，你知道几个呀？

毛孔堵塞，黑头去了又来，你中招了吗？

人生建议：想皮肤变好的女生一定要这样做。

发际线这个价格，究竟值不值？

逆向思维型。比如：

别点，点就省钱！

跌破底价！走过路过不要错过！

教学型标题。比如：

包教包会的化妆技巧。

手残党都可以学会的化妆技巧。

一对一指导，精准解决问题性肌肤。

福利性标题。比如：

秒杀，手把手教你打造新春元气彩妆。

直播间免费送！

文字互动。比如：

__________限时特惠，绝无套路。

没想到你是这样的 ________

你的前半生需要 ________

吃土少女带你 ________

生活不止诗和远方，还要 ________

________ 大促，一起来剁手

厉害了我的 ________

直播前预热阶段将流量导入直播间后，就要想办法进一步提升直播间人气，这样才能让用户和粉丝停留更长时间。具体方法如表 11–2 所示。

表11–2　直播中的导流方法

方 法	操作指导
连麦PK	这是一种提高彼此知名度的方法。连麦PK的两个主播如果都很活跃，善于调动气氛，就能互相起到很好的引流作用，进一步提高直播间的知名度。这个方法我们在这里暂且搁下，在下一章“转化策略”中将做讨论
上传拍摄花絮	这也是增加人气的一种方式。直播过程中，可以实时上传一些第三视角拍摄的花絮短视频，通过这些短视频去吸引更多的用户进入直播间，从而实现有效的导流。事实上，许多人可能是来拿红包的，但如果你的花絮短视频很有趣，来拿红包的用户也可能会留在你的直播间里
利用DOU+加热功能	DOU+是抖音为自家平台上的创作者提供的一款视频加热工具，能够高效提升视频播放量与互动量，提升内容的曝光率，助力抖音用户的多样化需求，具有操作便捷、互动性强、流量优质等多重优势。事实上，无论是短视频DOU+还是直播DOU+，都是通过加热短视频来形成的引流，并且当直播间和视频流量下降时，投放DOU+可以进一步增长直播间流量。所以，可以制作一个优质的短视频，投放DOU+，吸引更多的人观看你的短视频，并进入你的直播间，提升人气
直播推荐流	通过直播间一系列营销玩法，如抽奖、红包等，增加直播间互动氛围，增加直播推荐流展现
获取活动资源位	可以通过参加官方组织的直播活动、讨论话题的形式获取活动资源位（关于这个话题可以参阅本书第十章中的“资源位引流”，此处不再赘述）

（2）用主播的个人魅力留住用户

运用直播前和直播中的导流方法将流量引入直播间后，直播间用户有了，如何才能留住用户呢？要想留住用户，没有方法是不行的！比如，直播间要有好的设备、吸引眼球的直播房间背景，直播过程中搞抽奖活动、发福利等。除此之外，主播的个人魅力也是一个非常重要的因素。

很多时候，一个人喜欢另一个人是因为被喜欢的人有与众不同的地方，这些地方不一定是有钱有地位有权力，因为这些都是替代性太强的因素，而是在一些不可以代替的特别的地方。其实说白了，就是一个人的整体素质，一个人的魅力，即所谓"腹有诗书气自华"。用户喜欢主播也是一样的。

主播的魅力体现在许多方面，体现在一点一滴之中。

第一，主播语言有特点。为什么我们说主播要有演讲家能说会道的口才？因为一个好的主播，他的语言一定是会吸引用户的。所以，一个有特点的语言是必要的。另外还要掌握说话的技巧，比如幽默搞笑、使用带有主播个性化的语言等。

第二，主播有礼貌。主播在用户送礼物时都要说声"谢谢"，这样才能让用户感到你在意他们，这也是一个很好的留人方法。

第三，主播多才多艺。有一些用户会有唱歌或者跳舞之类的要求。主播如果不会，就可能会失去一批用户。

第四，主播守时开播。如果主播能够保持一个一致的形象，并且多次出现在别人的视野中，那么别人就会很大程度上对你有好感。在心理学上，人一旦重复输入同一个形象，那么这个熟悉的形象就会减少自己内心的不确定性，从而产生安全感。所以，保持一定频率的开播就至关重要。主播要保证直播时长和频次有规律地输出，最好每天直播，且每场两个小时以上。如果计划在每天晚上 8 点开始直播，就尽量保证准时开播。如果计划在每周一、三、五晚上8点至11点直播，就尽量保证在这个时间段进行直播。

人都有七情六欲，甚至在某些特定情况下，情感高于一切。在直播中也是同样，主播与用户之间，其实更多的是基于货品或主播本人魅力的情绪连接，这个连接的强弱代表着用户对主播的忠诚度。用户喜欢主播，主播要善于利用这一点，这对直播间留人是大有帮助的。具体策略与方法见表11–3。

表11–3　主播用个人魅力留住用户的策略与方法

策略与方法	操作指导
提高用户对你的欲望	用户对主播的欲望无非是多了解你，多看你，离你更近，和你在一起的时间更长，甚至和你约会、一起旅行等。为此，主播的策略是设置障碍，这就是吸引定律中的“障碍吸引”，即吸引力最大的障碍是欲望，越有欲望越容易被吸引。因此，主播通过设置障碍进行适当的拒绝，就成为提高用户欲望的心理策略
让用户对你死心塌地	很多用户对主播死心塌地，其实是用户看重自己的付出。这在经济学里叫作“沉没成本”，意思是以往发生的但与当前决策无关的费用。也就是说，用户只考虑未来可能的收益，而不考虑当下的付出费用。因此，主播要给用户为你付出的机会或者要让对方为你付出。当然，这种付出最好是时间和劳动。具体来说，就是让用户帮你宣传，帮你给直播间带来更多的人，总之依赖用户，让他帮你。对于这样的用户来说，被依赖是一件幸福的事情。但要注意的是，主播一定要避免陷入完全依赖用户的状态
让用户意犹未尽	一般来说，人与人之间第一印象和分开时留下的印象是非常重要的，这就是心理学上的“印象记忆”，意思是人类无须分析，不必理解地记住各种事物，包括形象、声音、行为、习惯，都能囫囵吞枣地吸入脑海。主播无法预言用户什么时候会来直播间，所以第一印象具有不确定性，可是主播可以控制用户与你分开时留下的印象。这个原理落实到直播中，其关键点就是慎选下一次开播的时间，要在自己最开心的情况下开始直播，而开心的状态能感染所有用户，那么用户就会对你意犹未尽，还会期待下一次开播时的见面

2. 心理价格战，让用户觉得“买到就是赚到”

打心理价格战可以算作一门很深奥的学问，但也并非不可学习和运用。如果在直播过程中让用户觉得“买到就是赚到”，对于制造爆款、提升销售量作用是很大的。这里面有两个关键环节，首先一个环节是要处理好“价格谈判”问题，在此基础上，第二个环节是要运用一定的方法让用户真正觉得“买得值”。

（1）主播要摆脱“价格”问题的困扰

任何场合的价格谈判都是一门大学问，带货主播每天面对无数用户，“价格”问题不能忽视，处理好价格问题才能成交。具体策略与方法见表11–4。

表11–4　主播处理“价格”问题的策略与方法

策略与方法	操作指导
理解购买习惯，不要抱怨砍价	俗话说“买家没有卖家精”，用户不知道产品价格中包含多少成本和利润，为了不吃亏就会大幅度讲价，无论主播说什么，常常说“太贵了”，而且竭力砍价，这是消费者的普遍习惯。因此，主播不要被这种习惯吓倒，要深刻理解人们图便宜的心理；同时也不要抱怨用户砍价。从更广泛的意义上讲，在直播间抱怨用户是大忌。要努力提高价格应对能力，这是主播应具备的重要能力
增强价格信心	价格信心来源于产品成本的比较、与同行的产品的比较，以及从硬件、软件、服务态度、产品质量上的比较。主播要清楚产品价格所对应的价值，明白产品的卖点、优势和差异化，对产品价格有信心。事实上，如果主播能在这些方面阐释清楚，就能有效调动用户的购买欲望，从而也就解决了“价格谈判”的问题

当意向客户对你说，你们这个产品网上也有卖，比你便宜多了，而且还截图给你看，这个时候你该怎么去回复呢?

在哪里买，不重要，是不是你想要的才是重点。您花钱去买一个不知是真是假的产品，还不如直接买一个普通，如果说你决定去买高品质的产品，要买就买正品，这样你用得也放心，您说是吗?

免费的东西才是最昂贵的！免费的东西，你敢要吗?没有利润，哪有服务? 1元一张的面膜，你敢用吗? 6元一斤的牛肉，你敢吃吗? 50元的链子，你也知道是假的；800元的苹果手机，你会买吗?所以说决定产品价格的不是我们，而是产品质量。

（2）让用户觉得“值”——花式价格策略

用户在“价格”问题上信任了主播的认知，主播要想成交，就要让用户感到更优惠，觉得“值”。也就是说，在不改变价格实质的前提下，可以通过一些方法，让用户认为产品价格相对更低，使之产生占便宜或很优惠的心理，以便增加转化。

许多大主播经常使用一种价格策略，可以称之为“花式价格策略”。经常看李佳琦和薇娅直播的朋友会发现，有些单价较低或成套销售的产品会采取阶梯价格，即“花式的价格策略”。比如某婴儿食品原价39.9元一份，现在第一份29.9元，第二份19.9元，第三份9.9元，第四份0元。这种阶梯式的降价会给用户带来很大的心理冲击，产生下订单购买的念头。这个策略在直播室里很实用。这个策略其实是传统的“买一送一”的升级版，使用该策略的大多数产品是食品、小商品和快速消费品。

对于运用阶梯价格策略的产品，主播一定要引导好。也就是说，要突出这一产品或这一类产品的价格优势。同时，通过速度和声音，向用户传递产品的优惠力度，刺激用户，让用户观看直播时兴奋不已，然后下订单购买。比如用“倒计时 5、4、3、2、1”的方式，可以营造出紧张和稀缺的良好氛围，让用户觉得这次不买就再也没有这样的价格了。此外，在直播间产品下架前，主播必须反复或间接重复，引导用户买下。

运用阶梯定价法，需要注意以下三点。

①优惠金额不等比。真实的阶梯每级台阶往往都是等高的，但阶梯定价法中每个阶梯通常不是等比变化的。由于边际效应递减的原理，购买的数量越大，交易就越难达成，所以对应的优惠幅度应该更大。比如，视频网站的 VIP，一年 199 元，两年 299 元，三年 349 元，只有在不断累加的边际量上给出越来越大的折扣和优惠，才能刺激消费者购买更多。

②形成冲动。比如，买一件衣服全价，第二件 8 折，第三件半价。但如果要买 100 件才半价，就没什么吸引力了。

③边际成本扛得住。利用阶梯定价虽然可以刺激买家下更大的订单，但要判断好最低的定价能否覆盖边际成本。比如，用户下了个超大订单，你打了个 5 折，结果最后成本却无法控制到售价以下，做得越多，赔得越多。

3. 通过优质内容展示你的专业度

不管是买东西还是在学习中接收信息，人们往往会更相信专业人士的建议。在直播间卖货也是如此，通过介绍产品外观、材质或质地，以及使用的方法、技巧及效果等，可以展现主播的专业度，用户也更加信任你。

（1）做专业的主播，分享有意思的内容

作为直播带货主播，一定要专业！为什么这样说呢？其一，在绝大多数用户的内心深处，希望“专家”来引导和帮助自己进行决策，消费决策也不例外。其二，在带货直播过程中，主播需要对用户进行及时反馈，并正确解答用户提出的问题。这就需要主播日常积累，在用户提出问题的时候，给到专业又体贴的解决方案。

一场直播下来，如果除了卖货就是卖货，毫无趣味可言，那就说明主播不专业，分享的内容也会令人兴味索然。一个成熟的大主播，不会整场直播都在讲产品，比如自己吃某美食吃多了去跑步、家里养的狗狗打架等都可以入镜，让用户意外却又有趣，甚至会忍不住直呼可爱。这些都是有意思的内容。

大多数人倾向于维持现状而非改变状态，当用户将看你的直播变成现状，就说明你输出的内容对他是有帮助的，而当大多数人看了直播就离开了，就说明你没有输出优质内容。从这一点上来说，主播有必要拓展新的领域，去挖掘内容。应多去了解用户偏好，站在用户的角度去考虑，想用户所想的，看用户所看的，并要注重内容背后的实际意义，这样才能有好的内容分享。新的内容更容易获取新用户。

另外在输出内容的过程中，不仅内容本身要好，也要结合一些新的技术手段，如 CDN 内容分发技术、VR 技术等。这方面其实最能体现你的专业度。好形式有助于好内容的呈现，二者从来都是相辅相成的。

当然，要想让自己变得更专业，主播还要多加努力。

①学会节目策划。每次播出都是一次节目策划，只有有效地策划好节目，才能赢得观众的喜欢。节目策划要明确这样几点：你的直播要让观众受益多少，他们喜欢什么，不喜欢什么，对什么有兴趣，什么吸引他们等。

②塑造个人形象。个人形象，是一门视觉艺术。每个人都有自己的艺术，每个人的艺术都是不同的，有漂亮的，有帅气的，有活泼的，有搞笑的，有幽默的，主播的角色不在于美与丑，而是在于角色中的你怎样才能做得更好。

③学会处理听觉艺术。网络，是视觉与听觉艺术的综合，在听觉上要让人感觉声音清晰，声情并茂，因此要懂得点网络技术，网络的网速要正常，网速过慢、网络卡涩，都会影响观众的观看度。此外，要学会灵活使用自己的直播设备，学会设备调试，也是重要部分。

④为人处世要和谐。观众都是主播最忠实的粉丝，与人相处要和谐，注重自己言行举止，多接受观众的建议。选择好自己的爱好和特长并发挥到极限，就是佼佼者。

⑤坚持不懈地努力。主播要不断学习新的领域知识，开阔自己。不能半途而废，坚持最终会有回报。同时，要善于推广自己，找到跟自己志同道合的人，赢得更多人的爱戴。此外，还要有耐心，坚持不懈。

（2）展示专业度，不要陷入“知识诅咒”

知识诅咒是指专业人士常以术语交谈，反而丧失了与非专业人士沟通的能力。知识诅咒现象大多出现在专业的学术领域，不过在直播中也会出现。

一些主播为了表现自己的专业度，有时会在互动过程中使用艰涩拗口的直播术语，结果导致用户一头雾水。像“酱油团”“喇叭”“跑道”“反伤甲”这样的专业用语，往往是阻碍直播间人气的罪魁祸首。当你在与用户互动时，特别是还处在直播的上升阶段时，你就需要照顾到大量普通用户的认知。

如果不想让用户被难懂的专业词汇吓到，那就用通俗易懂的语言吧！比如“老铁”“扎心了”等这种充满市井味道的词汇，就很容易被用户理解。简单的语言风格可以帮助你迅速提升直播间的人气。

随着抖音直播爆火，很多直播都乘上了这趟致富的顺风车，结果却被直播话术遏制了成交量。其实，只要做到语言通俗化、语言具象化、聚焦用户，就能解除这个困境。

①语言通俗化。直播带货话术第一点要求就是：语言通俗易懂。因为，主播面向的用户文化层次、知识素质都参差不齐，必须选择大家都可以接受的语言表达方式，才能达到最大的传播效果。在具体的直播带货话术中，语言通俗化有很多方式，但核心基本上都是将卖点“详细化、通俗化”，就是用详细、通俗甚至戏剧化的语言，将利益点具体、形象地传达出来。比如卖口红，口红的优点是持久不沾杯，想在文案中更好传达这个利益点，就要“具象化”地解释它：“只掉一点点颜色，跟立邦漆有一拼。”因此，传达一个关键信息时，一定要仔细思考如何使用更友好的语言，将信息送入用户心里。

②语言具象化。具象化的语言，是直播带货话术里传达信息最有力的一种方式。例如，“超大内存的 MP3”，就远远不如“将 1000 首歌装进口袋”这样的具象表达有力度。那么，什么才是具象化的语言呢？可以做个

对比说明：纸上的一个锋利参差不齐的口子是被刀划出来的。显然，“刀划破了纸”在传递信息和图像方面，快速且有力。将看不到、摸不着的东西进行形象化、画面化、具体化的处理，便是语言的具象化。同时，用词上，要尽量多用名词和动词，少用形容词。

③聚焦用户。做直播带货，最终的目的就是说服某类人群购买。因此，要在确定目标消费者的基础上，精准地使用这个人群的语言。想要用一篇文案打动全部群体，必然会丧失对某一个精准群体的穿透力。比如，下面这段直播带货话术：“这就是女人的衣柜里永远少的那件衣服。”显然，这段话术是针对爱美的女性用户，因为目标用户是女性。

4. 给出解决方案，增强信任感

信任是销售的基础。主播可以在直播中更多地与用户互动，增强信任，而不仅仅是关注产品。如果用户在购买商品时犹豫不决，作为一个负责任的主播，需要说出用户的疑惑并给出切实可行的解决方案，让用户觉得自己被重视，从而增强其信任度。

（1）主播卖的是产品质量和信任

用户在选择产品之前，都经历了一系列的心理活动，即从不认识到看到，从看到到了解，从了解到尝试购买。而主播只有在直播中增加用户的信任感之后，用户才愿意尝试购买你的产品。产品能给予用户极强的信任感，是主播在直播带货过程中最初就应该考虑的因素。

其实，直播带货并非一笔流量的买卖，如果一直停留在卖货本身，那只是进入了一个死胡同。直播带货最主要的是产品质量用户的信任。因此，主播在直播中不能只是关注“产品”，而是应该更加关注产品上下游的供给方和需求方的改变，只有这样，主播才能变成一个串联起整个产业链的桥梁和纽带，而不仅仅是卖货渠道上的销售员。

直播带货并不是以主播为核心的存在，而是一个以产品为核心的存在，只有真正用好质量的产品来赢得用户，才能真正让直播带货在主播和产品之间找到一种平衡。因此，主播不要再把直播当成一种快速变现的工具，这是一种错误。只有把直播当成一种信任的维护，才能维护品牌和自身形象，才能巩固用户的信任，从而找到发展的新天地，实现长足发展。

主播和用户之间是相互依存的关系。用户从主播那里获取产品信息，被“种草”进行购买后，如果产品质量过关，才会继续关注主播。而主播只有尽职尽责，不辜负用户的信任，不因经济利益的驱使虚假宣传，才能在用户中赢得口碑。

（2）直播中要围绕产品答疑解惑

电商直播与传统秀场直播不同，后者更多倾向于社交互动，用户主要围绕主播来观看直播，其核心在主播上；前者则更多是在社交基础上的电商交易，用户主要围绕商品来观看直播，其核心在商品上。因此，主播最重要的是围绕当天的播货，随时解答用户心中的各种疑虑。

带货直播是围绕“产品”进行的，其核心属性是以优价优质的产品来稳定用户。主播在直播间需要将产品展示给用户并答疑解惑，提供实时客服，从而增进与用户的互动，激发用户购买力，最终实现销量提升。

主播围绕产品解答问题，要帮用户多维度地了解产品的各方面情况，如产品质量、售后、价格等。并提供针对用户购买的实时解决方案，促成和保证用户购买行为的顺利进行。在答疑解惑过程中，主播不能胡乱解答问题，因为很多懂行的用户都在盯着，稍有不慎，直播间立成“事故现场”。很多时候，卖产品同时也是在卖服务，如果产品购前的服务做得不好，用户会直接放弃继续购买的念头。

主播还要提供售后解决方案，承诺对后续问题一直负责到底，让用户没有后顾之忧。售后方案就是用户的“定心丸”，可以稳定用户信任感，进而让用户对主播产生信赖，也会让主播的热度不断增加，还能提高用户忠诚度，并让主播更多地了解用户需求，使直播带货更长久。这种售后方案应该是所有主播在这方面的规范做法，而这也将带给用户更好的体验。

第12章

转化策略：主播“忽悠”买单背后的秘密

任何事物的背后都有一定的逻辑支撑，智者看到逻辑，愚者被逻辑洗脑并沦为智者背后的功臣。直播带货商业的本质同样是以货币为媒介的交换活动，所以主播“赚中间差价”是无可厚非的。但如果主播玩套路、耍手段，必将导致行业的某些巨坑，让用户利益受损。对于一些无底线无下限主播的欺骗性转化套路，我们要格外警惕，远离这些套路。

1. 基于人格信任，与“陌生人”建立信任

跟初次到直播间来的“陌生人”建立信任，是直播带货的第一步。怎么能在最短的时间内获取用户的信任？除了直播强互动，主播的人格信任特别重要。

（1）直播强互动，让用户产生信任感

做得好的主播，都有一个共同点，就是直播强互动，只有在参与中，用户才有信任感、成就感，才能无条件相信并愿意花钱。

一般来说，对于新人主播来说，和用户之间很难建立信任，他们经常做的一件事情就是诉诸利益，暗示用户这次直播带来的商品有多么得之不易。他们还会在直播过程中设置抽奖活动，以赠送礼物等形式来留住用户，并且会在直播的开始前做预告。

与新人主播相比，带货能力强的主播往往会在直播刚开始的几分钟，通过唠嗑、讲故事的方式获取用户的信任。或喜欢用刷数字的方式，让直播屏幕火起来。除此之外，还有更简单的和用户建立信任的方式，就是对用户的独特称呼，比如“老铁们、家人们、宝贝们、哥哥姐姐们”等。不要小瞧这个称呼，主播每一句话都有一个“们”，不但拉近了和用户的距离，而且可以帮助用户卸下防备心。

直播平台中常见的互动玩法如下。

搞笑道具互动。每个直播平台上都会有很多有趣的虚拟道具。比如，跑车、飞机、游轮、钻戒、挖掘机、小黄瓜、萌哭、给跪、么么哒，等

等。要鼓励用户通过给主播送礼物的方式，表达自己的情感、想法。

多人小游戏互动。在直播期间，主播除了向用户提问、闲聊、看“秀”外，还可以鼓励他们一起玩互动小游戏。例如，真心话大冒险、数三十、抢红包、禁忌大家我他，等等。这些游戏都需要多人参与，有奖也有罚。主播输了，要接受用户提出的惩罚；用户输了，要给主播送礼物。

主播视频连麦。主播视频连麦是指两个主播连线互动，可以互相娱乐、合唱或者玩游戏，在玩游戏时会决出输赢，输的一方会受到惩罚。目前，市场上的直播系统中基本都包含了连麦功能。

直播歌曲。直播歌曲通常会采取喊麦、卖萌等方式活跃直播间，娱乐观众。喊麦是以说唱的形式主持，歌词基本是对句的形式，能够押韵，朗朗上口；卖萌通常是主播模仿幼儿唱歌口齿不清、气息不稳、节奏不齐的特点，然后再配合一些卖萌表情。在选曲方面，可以选择一些耳熟能详的儿歌，比如《捉泥鳅》《小跳蛙》《大王叫我来巡山》《小苹果》《小鸡小鸡》等。

VR互动模式。随着技术的发展，视频用户的要求越来越高，他们开始追求更高的视觉体验，以前游戏和电影通过3D技术实现视觉立体感，现在则通过VR技术让用户体验更加真实的虚拟场景。比如，花椒直播打造VR直播，用户戴上VR设备后，可以看到立体的直播内容，感受360°的全景体验。这种方式进一步打破了人与人之间的空间壁垒，用户可以与明星、主播“零距离”沟通，彻底颠覆了用户的视觉体验。

（2）主播以人格信任打造用户信任感

直播带货，其实是一种社交销售，与以往的卖货方式不同，更多的是基于人与人之间的信任，基于粉丝对主播的信任。社交前提就是人与人信任，其次才是产品信任。所以，直播带货的商业本质是信任，社交信任触发成交。从一开始的朋友推荐，到朋友圈微商，某多多拼团抢购，再到直播带货，都是以信任为基础的。

《信任的速度：一个可以改变一切的力量》一书总结了构建信任的四个核心：诚实、动机、能力和成果。作者认为，首先，你必须是一个诚实的人，诚实可靠，有说实话的声誉；其次，你要有好的动机，没有歪曲事实、袒护别人或者带有偏见；再次，你要有优秀的能力，在你所在的领域有足够的专业知识和技能；最后，你要有良好的记录，过去的岁月里，你曾获得丰厚的成果。

一个人构建信任有多路径选择，带货主播则可以运用知识和叙事两种方式来构建和提升信任。首先，用户之所以信任主播，是因为主播拥有知识。知识可以是主播身份的背书，也包括主播的传递的制造工艺、品牌历史、优选产品、使用指南、生活方式、人生价值等各种知识。通过值得信赖的主播人设，打造出了用户与主播的信任关系。其次，人的一切的动力其实都是在叙述故事。而直播带货为主播提供了叙事的场景和时刻，并传递和传达某种生活意义。无论是口吐莲花还是口舌笨拙，抑或品牌故事、使用方法、生产场景、促销活动、个人体验、生活乐趣、游戏互动都是一种叙事。主播可以无限运用各种叙事内容与叙事方式，将人格信任的作用发挥到极致，从而使信任得以提升。

正是知识与叙事的作用，创造了用户的信任感。而正是由于这种信任感，让用户“所见即所得”，诸如直播间所见田间地头的农产品、精心营造的生活场景、配送交接的过程等，看上去直观而透明，虽千变万化而无不可见。

2. 挖掘用户“痛点”，引起购买需求

要想成为优秀的主播，最重要的是关注用户的“痛点”。直播行业用户的“痛点”主要表现在七个方面：安全感、价值感、自我满足感、爱情亲情、支配感、归属感、不朽感等，直播中围绕这些“痛点”展开，就能吸引用户关注，在一定程度上弥补用户在现实生活中的心理空白，使他们在直播中获得心理满足。只有当你的内容刺中用户“痛点”，才会让用户离不开你，产生依赖，才会产生大量用户留存与转化。

（1）挖掘用户“痛点”：有共鸣 + 重细节 + 同理心

跟用户建立信任关系后，主播就要跟用户互动，努力挖掘用户的“痛点”。比如，卖眼贴的主播，在介绍产品前可以问粉丝：“宝宝们告诉我，有多少人和我一样总是熬夜？在评论区扣 1。”同样，卖防晒的也可以这样问粉丝：“宝宝们是不是也一样，天天对着电脑和手机？如果是这样的在评论区扣‘是’。”

得到评论区用户反馈之后，就可以告诉粉丝，如果不用眼贴、不用防晒会有哪些严重后果，比如长皱纹、老得快等。然后，再给用户灌输反复多场景使用产品的观点，比如，眼贴不仅可以用在眼睛周围，还可以用在头上、脖子上甚至身上。同样，防晒要涂全身，一年四季都要抹。

挖掘用户“痛点”，引起购买需求，并给用户带来有价值的内容，这将有助于提升用户单次购买的商品件数，也能为后来可能的复购打下基础（见表 12–1）。

表12-1 主播挖掘用户“痛点”的策略与方法

策略与方法	操作指导
与用户产生共鸣	当用户喜欢主播时，一定能从主播身上找到情感寄托。情感是所有“痛点”的根源。主播在定位中找到自己的独特气质，这样才能找到一个能引起用户共鸣的点
在细节上超越用户的期待	用户经常会晒出很酷的内容，或者分享喜悦和抱怨。这种情感的分享和传播会影响其他用户的注意力。为了激发用户的口碑和分享，主播必须让用户惊喜，一方面是你的细节让用户感觉亲切，另一方面是用户获得超出给定内容的收益。如果说用户对主播的期待是认真听他唱歌，而主播的演唱水平恰恰比较专业，并且还用心地唱出了用户喜欢的歌曲，让用户产生很大的共鸣，这就是满足了用户的惊喜愿望，也让用户产生第一印象，认为主播很好；如果主播聊天很熟练，会说多种语言，长得很漂亮，让人如沐春风，成为用户的情感寄托，这就是额外的期待，让用户有惊喜。所有的惊喜都会留下深刻的印象。不断制造惊喜，会让用户感动，牢牢地把你放在心上。创造让用户惊喜的服务是核心竞争力
换位思考	只有具备真正的同理心，才能做到换位思考。用户从直播中得到了什么？什么服务细节会打动用户？了解这些之后，努力逐一满足这些需求。例如，用户除了观看主播的表演技巧外，还希望主播与自己互动，让自己觉得更有活力。因此，一些主播在直播过程中会认真地花一段时间阅读用户的邮件和点名感谢，这使得用户真正拥有了观看直播产生的社交满意度。主播的细心和体贴将使用户深受感动

（2）引起购买需求：引导＋产生＋确认＋落地

大多数人的消费欲望来自他人的引导，引导购买适用于任何消费形式。带货直播现场是主播通过商品内容引导用户购物，通过自己的影响力和准备好的商品内容，结合个人风格的演绎解读，不断提醒和引导用户下订单购买。实际的场景是，在直播间的货架上放着产品，主播做着内容直播，并附上产品的购买入口。此时此刻，从产品到用户就成为了直播内容下的“引导需求→被动产生需求→确认需求→需求落地”这样一个完整的需求链。这个需求链包含了用户需求或供应链的市场需求因素，满足了价值链中市场销售和服务的需求。

在需求链中，主播在人与货之间增加了一层温度和期待，使得用户更容易产生消费行为。主播和用户其实是直播间里的一个集体，在这个集体中，主播是唯一的KOL，通过介绍和互动，强化了用户对某一款产品的印象，让用户在这里“买买买”。对于很多用户来说，在直播间观看直播时，购买过程中除了即时、冲动、决策时间短等心理反应外，其实他们还有信任、喜欢和支持主播，对主播有很强的认同感。当用户达到一定规模时，就会形成一种集体认同。渐渐地，一部分用户将成为主播的“死忠粉”即核心群体，自发地做宣传、推广，让自己喜欢的主播能够扩大名声和口碑，这也使得主播的号召力非常高。这也是许多品牌方所看重的优势和价值所在。

话术引导可以这样操作：

引导粉丝发表评论：猜价格、卖关子、没有得到的得到、吊胃口。

引导粉丝点赞分享直播：点赞增加亲密度，送红包；制造话题；经常引出一个闲聊的大众话题。

3. 向用户传达：我的直播间货最便宜

主播想方设法地向用户强调在他的直播间里买的产品最便宜。并通过比较的方法，给用户制造一种错觉，让用户认为自己买到了便宜的产品，以此来刺激用户下订单。

（1）直播间的便宜货是这样来的

每当进入6月，各大网购平台都会掀起一场“促销潮”，即将来临的“618”自然也就成了平台上各家店铺促销的一个重要风口。抓住这个促销风口，各种带货直播间同样异常忙碌。

直播带货之所以能发展火爆，一方面是因为推广卖力，另一方面也是因为直播间的商品有巨大的优惠，容易吸引消费者的注意。例如，一款斑布的抽纸，24包，平台售价为79元，而在某直播间，只需要48元。包括化妆品、护肤品，直播间给出的价格也更便宜，而且还会送各种赠品。

其实，直播带货的商品价格之所以比网店还便宜，主要是因为直播带货的商业模式就是“厂商—直播平台—客户”，没有那么多中间商，省去了很多营销成本，这部分成本自然就可以用来降低价格了。因此，在直播带货大火的时候，越来越多的商家开始借助这个风口，走薄利多销的路子。

很多主播都会让人们去观看直播卖货，如果下单的话可以多得一些赠品，很多人为了得到实惠都会跑去看直播。一旦加入进去，就很难再出来了，因为主播不断展示新产品，很多时候人们就会冲动下单了。主播一方面价格实惠、赠品多留住了买家，另一方面用户可以看到更多产品的展示，因而容易快速决策购买。

直播间卖的货之所以便宜，有以下几方面的原因（见表12–2）。

表12–2 直播间卖货便宜的几个原因

原 因	分 析
库存货	卖库存货属于“库存+直播带货”模式，这是我们已经知道的。采用这个模式的人仓库里面都会有不少库存货，尤其是衣服。往往一个款还没有卖完，新款就得上市了，以前的衣服卖不掉了就成库存了。所以直播卖货就是一个非常好的办法了
促销货	对直播间来说销量是很重要的，直播间平台大，用户广，主播为了获得销量，往往会在直播间降低商品利润空间，通过促销，用低价刺激用户消费，以量多弥补价低
为了引流	主播为了吸引用户进入直播间，把用户转化成稳定的用户，有时也会牺牲自己的利润，将这部分的利润转化成用户福利，来达到增加直播间的热度，提高自身知名度的目的
企业直销货	很多主播在积累一定人气后，会跟相关企业直接联系，与企业直接合作，这样没有了中间商赚差价，价格就会便宜不少。另外，大主播的流量肯定是大的，企业喜欢大流量，所以给大主播优惠。再加上大主播和他们的团队的努力，肯定是要把价钱谈到最低的。不过低价归低价，大主播在选品和质量上把控得也很好，从来不卖那种便宜又不好用的东西。这一点很好

直播间的货最便宜固然让人心动，但产品质量也不容忽视！如果能二者兼得，就更好了。

（2）把好“产品质量”的重要关口

某些主播为了赚钱，存在虚假宣传的现象，带的货中有“三无”产品，可能对消费者的健康造成损害。除了少数头部主播拥有自己的团队，多数中小主播都是商务审核直播一把抓，对于要直播的货物缺乏相应的审核，出于经济利益考虑，基本不拒绝和企业的合作，这就导致直播带货的产品频频“翻车”。

在确定合作产品之前，主播团队要进行选品，挑选符合要求的产品才会带。要有一定的分辨力，不能什么产品都接，要遵守法律法规，对得起自己的良心。一方面，要保证广告宣传用语是契合产品本身事实的；另一方面，要在正式直播之前做好相应的审核和验证。

另外，监管部门应加强对主播平台的监督，打通消费者维权的渠道，甚至可以建立直播带货的专门维权窗口，做到早发现、早治理。如果主播宣传的产品与其实际质量不相符，导致消费者权益受损，主播也应承担相应的法律责任。

主播要牢记：切莫只要人气、只获收益、不担责任。既然是销售，货真价实是起码的准则。只有把好产品质量关，你的直播生涯才能渐行渐远。

直播中的产品该如何选择，如何提升粉丝对商品的购买欲，如何让直播间商品内容展示得更细腻，是很多主播遇到的难题，其实完全可以从两个方面进行尝试。

①重点产品符合当下市场需求。应季产品，比如服装，食品；如果没有应季产品，就选择活动包装，比如限时促销，直播抢购，库存有限清理。此外，还可以结合市场对产品的需求点，增加流行元素，比如色彩、图案、功能等。

②产品的稀缺性。看不如买，买不如抢，抢不如缺。直播中的产品一定要有库存限制，比如点赞送礼，只有三件；限时抢购，到点关闭订单等。直播中，无论是爆款还是关联产品，都可以一个系列多个款式或规格，但是每个款式或规格数量都是有限的，可以根据直播间的粉丝数量、购买能力设置合理的库存，以便提升粉丝在直播中的购买欲，同时带动直播后的延续销售。

4. 赠品多多，攻破用户的心理防线

带货强的主播的一个特点就是赠品特别多，而且在给用户送赠品的时候一般都很夸张。要么赠品金额比较大，超出售卖商品的价格；要么赠品的数量比较多，买 1 件赠 12 件，相当于赠送了 11 件商品。实际上，赠品的金额已经包含在卖给用户的商品中了。主播还向企业争取各种利益，并美其名曰这都是为了我的用户，我要让我的用户花最少的钱买值得的东西，等等。一方面为得益找到了正当的理由，另一方面还拉拢了用户、增强了用户的忠诚度。

（1）正确理解赠品，免费不能免责

大多数人认为，赠品可以促进消费者购买，提升转化率。这是无可厚非的。但遗憾的是，有时候赠品的作用被放大，反而效果会适得其反。为了挖掘赠品的作用，有些主播在直播中就会过分地去强调赠品的价值。消费者对你所说的赠品价值抱有非常高的期望，可在收到赠品的时候，如果发现赠品远没有达到自己的预期，反而会有不满情绪，甚至会给差评。

我们应该对赠品有一个更广泛的认知。事实上，在各种交易行为中，卖家送出的所有超过消费者预期价值的物品和服务，都可以叫作赠品。比如，消费者在你这里买了一套儿童智能玩具后，你把这个消费者拉到了一个社交群里，在群里你会不定期地分享一些家教育儿的经验；消费者买了一件衣服，衣服里面有一张刮刮卡，刮开后发现自己中了 20 元钱的红包，扫描二维码领取……这些都可以叫作赠品。

赠品是商品，既然是商品，就应该按照商品的标准来要求。从商业伦理上来讲，送赠品是建立在消费者购买商品的前提之上的，没有买卖就没有赠送。因此，卖家的销售行为与附赠行为不可分割，卖家应对其赠品承担与所出售商品相同的责任。赠品也是商品，免费不能免责。

据国家有关法规，赠品与商品具有同等的法律地位。原国家工商行政管理总局发布的《流通领域商品质量监督管理办法》中规定，“奖品、赠品等视同销售的商品”；商务部发布的《零售商促销行为管理办法》中规定，“零售商开展促销活动，不得降低促销商品（包括有奖销售的奖品、赠品）的质量和售后服务水平，不得将质量不合格的物品作为奖品、赠品”。赠品跟商品一样，都必须确保品质可靠、质量过关。赠品一旦发生任何问题，从业者包括主播及生产企业不得以任何理由逃避责任：假如赠品出现质量问题，消费者有权利要求退换；假如赠品造成人身、财产损失，从业者都要承担法律赔偿责任。

（2）送让消费者满意和惊喜的赠品

有了这样的一个更宽泛的理解，再送赠品的时候就应该保证一个根本点，即赠品要合乎消费者心意，最好能让消费者惊喜。那什么样的赠品才能让消费者满意和惊喜呢？（详见表12-3）。

表12-3　让消费者满意和惊喜的赠品的几个关键点

关键点	分析
虚拟性	虚拟性就是送和产品相关的虚拟赠品。比如，卖书籍的可以送专家讲座视频，卖乐器的可以送学习视频等，卖尤克里里的送在线教学视频或免费教学视频资料等
多样性	所谓多样性，就是说并非每一样东西都送很多，而是送很多样，也就是列出多项赠品的豪华阵容，让消费者自行选择。同时要在赠品上做出差异化，让消费者感觉赠品特别超值
实用性	赠品要有实用性。送消费者购买产品必备的小物件，它不需要多精致，只要消费者能够用得到就可以

续表

关键点	分 析
好品质	好的赠品不一定是特别贵的东西，但是一定要是品质特别好的东西。因为用户转化的根本原因还在于你产品的本身，赠品只是锦上添花，不具备雪中送炭的功能。所以，赠品只要新奇、品质好，就可以给消费者带来不错的愉悦感
有悬念	所谓有悬念，就是送赠品最好不要提前告知，否则就不叫惊喜了。因为消费者在收到商品之前，已经预计到了自己会得到什么东西。我们要的就是给消费者带来惊喜的感觉

对促销赠品的赠送基本态度就是要么就不送，要送就送出价值，让客户爱不释手。

①价值塑造。不管送什么样的赠品给用户，不管出于什么目的送赠品给用户，前提都是不能讲送赠品等同于给用户打折降价，抱着这个心态送赠品，只能让用户远离。赠品不是用户购买的理由，而是让用户买得高兴，买得更多、更贵、更快的原因。选择赠品，要塑造价值，针对不同用户把赠品的价值塑造出来。比如，送用户一个手电筒，针对老人要突出手电筒的实用功能，针对年轻人要突出手电筒的时尚玩乐功能。因此，在设计赠品的过程中，既要考虑到实用性又要考虑到游戏娱乐性，否则只是送个普通的手电筒给别人，谁会喜欢？

②情感功能。赠品的价值是用来放大的，如果只是突出赠品的实用功能，相信很多赠品用户都不喜欢。要送就要送和竞争对手不太一样的，要送就送点情感功能。如今人们都关注环保、健康、节能等概念，就可以送自行车、人参、防毒面罩，更容易让客户喜欢。

③提示商品。所谓提示商品就是说通过赠品，用户能够想起来你们家是卖什么的。卖汽车的，可以送车载吸尘器；卖茶叶的，可以送茶杯；卖珠宝首饰的，可以送个首饰盒。一定要记住，卖什么就要送点跟商品有记忆点、有关联的产品。

④实用价值。赠品的选择，实用价值也不能小觑。做直播营销时，送给用户一些赠品，用户会忽然意识到，我们家的这个东西用了好多年了，是该换个新的了，这叫雪中送炭。然而很多直播平台更擅长做锦上添花的事，因为锦上添花容易、雪中送炭难。

⑤品质过硬。很多主播做促销活动时，明明花了大价钱做宣传，却在赠品的选择上偷工减料，将粗制滥造的赠品送给用户。送个小电风扇给用户，没有几天，电风扇不转了；送个毛毯给用户，没过多长时间，就缩水了；送个水杯给客户，冬天热水一冲，“砰”地就炸了。客户一时冲动在你这里购买了商品，一定会把这次不愉快的购物经历告诉自己的朋友，记住：口碑才是最重要的。想做长远生意，就要品质过硬，认真做促销。

5. 用户下单时，增强信任感

用户在下单时都会犹豫不决，这个时候，主播应通过给产品背书、包退换等方式，给用户信心，增强用户的信任感。

（1）给产品背书，让产品更靠谱

在直播的场景下，商品可以 360° 呈现，带货主播必须有较强的产品背书，才能让用户觉得产品更靠谱。产品背书更多的是主播对产品的全面了解和个人 IP 魅力的展现。无论是大众产品还是品牌产品，做好背书都是行业的要求，也是做人的底线。

如果是品牌产品，就要知道自己作为品牌代言人，要将其在直播间营销于无形之中，让其真正走进用户的心里。作为品牌代言人，主播重要的是个人 IP 形象的塑造，没有个人魅力，无助于品牌产品的宣传与销售，终将有损于品牌产品和自己在用户心目中的形象。

如果是大众产品，就要对所有售卖的产品烂熟于心，随时解答用户提出的各种相关问题，重要的是以体验作为实证。比如用户对某化妆品的安全问题的顾虑，主播可以展示婴儿、孕妇，以及自己和家人正在使用的视频给用户，让用户打消顾虑。或者在直播过程中引导曾经买过产品的用户在评论区反馈，或者通过随机抽奖的方式连麦曾经买过的用户，让用过产品的人发声。至于那些通过“马甲号”给自己好评的弄虚作假行为，实为行业和人们所不齿。

如何利用超级人设，快速吸粉？方法如下。

①人设组成。主要包括：姓名、身材颜值、搭配风格、语言风格、性格气质、专业技能等。

②超级人设优势。要么成本领先，要么与众不同。吸引精准粉丝，街拍赛道；提升关注度；提升互动、停留时间；提升转化率；人设品牌、人设店铺。

③超级主播人设分类。专业型，专业是信任的根本；娱乐性，幽默是生活的调味剂；才艺型，能善歌善舞更加吸睛；反差型，物以稀为贵；颜值型，颜值即正义；气质型，发自内在的美；可爱型，呆萌也是一种潮流；CP 型，优势互补，人设更强；明星型，自带光环。

（2）绝对包退换，要真的做到才行

退换货现象在直播带货中是存在的，为了防止这种情况的发生，针对价格顾虑，主播会说，这绝对是最低价，我们不会降价了；针对产品质量顾虑，主播会说，这个是包退换的，觉得不好你随时跟我退；等等。真的能做到“包”退换吗？客观地说，那些专业靠谱的主播确实做到了，而有的主播对产品并不了解，或者说没有时间精力了解，所以确实没有做到。

消费者之所以要求退换货，一方面有消费者本身的原因，另一方面也有主播包括企业方面的原因。直播带货所面对的是下沉市场，面对的是价格敏感型消费者群体，他们的消费常常是冲动的，并且诉求也会更多。比如当他们花了数小时看直播后，用 18 元钱买了一件 T 恤，在收到货后发现实物与期望之间不同的时候，就会产生落差，这种落差让他们决定以退货来捍卫自己的尊严。此外，退换货情况的发生，又与产品的质量、售后、夸大宣传、虚假宣传、发货等有直接关系。主播就是一个超级导购，带货多收入就多，因而会有言不副实；而企业方面为了达到营销目的，也有出格举动，这些都是人性欲望的具体表现。

直播带货已经飞到了风口，处于风口中的所有参与者都难免摇摆不定，动荡起伏，这是事物发展的规律。如果我们真的爱这个行业，就应以一种宽博的胸怀接受它。等到主播、企业、消费者之间的利益都能够平衡的时候，行业也好，个人也好，就能持续地火下去了。盼望这一天早点到来！

概括起来，退换货有三种方法，下面我们就以抖音直播平台来说明。

①直接联系商家。消费者只要打开抖音 App，进入“我的”界面，点击右上角“三”字图标，在弹出的菜单中选择“订单”就可以看到自己购买的商品。但是，这里并没有“退货”的选项。其实，只要点击“订单详情”，就可以找到“联系商家”，最后与商家联系，直接退货即可。

②购物助手。消费者可以在抖音 App 菜单栏找到“消息”，然后在界面进入“购物助手”，就能看到自己购买商品时收到的消息。然后，点击进入“订单详情”，在出现页面选择“申请退款”。最后，填写退款原因，进行提交即可。

③联系客服。如果消费者想申请退货，还可以通过联系客服，找到“订单详情”，再找到“官方客服”，就可以联系客服，让他们帮助自己解决退货问题。需要注意的是，客服工作时间是 9：00—21：00。

6. 主播连麦互相配合，刺激用户下单

主播与主播之间连麦有两种形式，一种是某个主播退出之前的房间进入另一个主播的房间实现连麦，另一种是两个主播都在各自的房间内实现连麦。卖货成绩好的直播间内，一般会有几个主播连麦互相配合，你一言、我一语，把直播氛围搞得火热，刺激用户下单。同时，主播连麦也是一个增加自己粉丝的方式，只要是主播尤其是大主播就一定有粉丝在，通过连麦可以把对方的粉丝也变成自己的粉丝。

（1）连麦的准备与注意事项

新主播没推荐、没粉丝，通过连麦的方式给自己增加关注和人气是个好办法，还能向其他主播学习一些才艺互动等方面的技巧。广义来说，小主播连麦对象没有限制，只要有机会就积极地去连。连麦之前，新主播必须做好一些准备，比如视频效果、服饰、才艺、心态等。新主播连麦一定要放得开，玩得起，不应该怕输，输了涨人气，赢了涨榜单。要尽可能满足大众的需要，学会穿合适自己的衣服，不要太随便。才艺形式没有限制，可以唱歌跳舞书法绘画烹饪，努力精益求精。当你发现自己所要表演的节目被大主播或者其他连麦嘉宾提前表演了，要及时更换节目，避免节目重复引起尴尬。而且，多准备一些才艺，以适应不同的情况。

新主播与人连麦，选择合适的时间连麦也是很重要的。通常情况下连麦都是开播一小时后才陆续开始的，因为先要聚集一定人气。所以作为一个新主播不要在其他主播一开播就不停地求连麦。同时，千万不要等到其

他主播快下播的时候还去连麦，这会让人反感。选择符合客观规律的时间，同时再很好地融入自己的直播内容。当主播向自家粉丝倾诉情感或者主播心情不好的时候不宜连麦。所以事先沟通也很重要。最好在每次连麦前，私下和所要连麦的主播沟通好，这样对方不会感到很突兀或毫无准备。当新主播第一次去一个主播那里连麦时候，要适当地刷一下礼物，礼物多少是能力问题，刷不刷是态度问题。礼尚往来才是长久之道。连麦也不需要虚伪的恭维，关键是走心。

另外，连麦必须有直播间运维人员的技术支持，要在网络、视频、音频、适配这几个方面进行全程优化。比如音频优化要达到降噪、回声消除、舒适噪声等效果。

（2）主播与粉丝连麦，增加黏性

主播与粉丝连麦也是连麦的一种形式，通过连麦互动，可以提高直播平台普通用户的参与感与幸福感，增加用户黏性。主播可以与其中的一位粉丝或多位粉丝互动，并且其他粉丝可以观看这个互动的过程。淘宝、快手、抖音、虎牙、斗鱼等平台都有主播与粉丝进行连麦互动。

值得注意的是，某些没有实力的主播为了让粉丝给自己多刷礼，利用平台方的第三方工具给自己上“假粉”（也就是所谓的“僵尸粉”“电脑机器粉”）。有的平台给这些没有实际粉丝量的主播刷礼，结果直播并没有卖多少货，甚至一套货也没有卖掉，平台被这些“假主播”坑得很惨。一些有经验的平台会细心观察主播直播间的真人粉丝量实际情况，然后才会决定是否刷礼或与主播视频连麦。

第一，主播常用礼貌用语模板

欢迎 ×× 来到宝宝的直播间，喜欢主播的点个关注哦！

欢迎来到直播间，点关注不迷路，一言不合刷礼物！

欢迎来到 ×× 直播间，主播带你去飞，喜欢主播的点亮噢。爱你们!

宝宝们，什么是爱什么是喜欢？——喜欢叫作点关注，任性叫作刷礼物。有一种陪伴叫带我看花海！你们是爱我还是喜欢我呢!

欢迎宝宝们来到我的直播间，主播是直播新人希望宝宝们能多多支持，多多捧场哦。

hello 大家好，欢迎各位帅哥美女们来到我的直播间，进来直播间的是美女还是帅哥呢？刷刷弹幕让我看到你哦。

欢迎各位小伙伴们来到我的直播间，主播人美歌甜性格好，关注就像捡到宝，小伙伴们走过路过不要错过，喜欢的宝宝在哪里？

第二，关注 / 点亮 / 分享模板

万水千山总是情，点亮分享行不行！！！ 越点你会越年轻!

感谢 ×× 的关注，还没关注的抓紧关注哟，宝宝每天给 ×× 带来不同惊喜哟!

听说关注我的都发财了，男生越来越帅，女生，越来越漂亮了。

关注主播不迷路，主播带你上高速！ 谢谢点亮！ 喜欢主播的可以帮忙分享一下哦!

第三，主播结束语模板

轻轻地我走了，正如我轻轻地来，感谢各位宝宝的厚爱！其实很不想跟大家说再见的，不过因为时间的关系，这次直播马上要结束了，最后送一首 ×× 歌送给大家，让我们结束今天的直播，别忘了，每天的下午 2：00—5：00 宝宝都在这里恭候着你哟，让我们明天见!

现在是 5∶10，主播还有 20 分钟就要下播去吃饭啦，非常感谢关注的宝宝和送礼物的宝宝们，谢谢大家！么么哒。宝宝们也要按时吃晚饭哦。

还有 20 分钟就要下播了，非常感谢大家的陪伴，今天和宝宝们度过了非常愉快的时光哦。主播再给大家唱首歌再走好不好。宝宝们记得想我，我也会想念大家。

马上就要下播了，喜欢主播的宝宝可以点点关注，这样明天主播开播宝宝们就能第一时间收到提醒啦。明天一定要再见哦。

马上就要下播了，今天和大家聊得非常开心，明天 × 点我在这儿等你们，你们一定要来赴约哦！明天再看到你要送你么么哒。

7. 利用价格策略，刺激用户冲动下单

在直播卖货中，促单是关键的一步。到了这个阶段主播会在直播过程中，频繁和用户讲解下单流程，再利用价格套路，刺激用户冲动下单，还会利用用户的从众心理进行推销。

（1）“全网最低价”模式的现实基础

“全网最低价”的模式，能成立的基础有两个，一是供应链的去中间化、成本得以降低；二是直播间销量和品牌曝光度换回的收益，能够覆盖“全网最低价”下成本付出。

直播带货作为一种去中间商的模式，可以实现从企业这个一级仓储直达消费者，相比传统线下零售，在流通成本、仓储成本、渠道效率和价格方面都具备优势。另外，头部主播一般都有很大的流量优势和规模优势，可以直接对接品牌或者企业，省去了原来的渠道商或者代理商。

（2）“全网最低价”的理想状态——均衡

家电行业也有类似的“全网最低价”，如彩电大战、冰箱大战、空调大战等，这些价格大战的受益者首先是消费者。厂家价格大战的结局是谁都没钱赚，因为博弈双方的利润正好是零，这样的结果是相对稳定的，是一个“纳什均衡”。纳什均衡闪烁着理性的光辉！其实，直播带货中的主播与企业、主播与粉丝之间，也应该是一种“纳什均衡”的理想状态。

在移动互联网电子商务生态系统中，带货直播的销售能力无疑是最高的。但主要矛盾在于，企业需要支付主播佣金和服务费，又导致了成本上

升，可能使得直播收入无法覆盖“全网最低价格”下的边际成本。其实从博弈论的角度看，一方面，企业与主播不是对立的，二者是相互合作的关系，共同从消费者那里获取利润。因此，合理分配利益应该是企业与主播合作的关键点所在。另一方面，用户是主播拥有跟企业议价能力的保证。一旦主播对用户薅羊毛过多，主播辛辛苦苦建立起来的低成本优势和用户信用可能会很快崩溃。既然主播和用户不是对立的一方，主播就要保护用户的利益。因此，主播不仅是企业的导购，也是用户的买手。由此来看，在更高效的电商模式出现之前，“全网最低价”的模式是可以持续的，并且是应该持续的。

市场不可能是绝对均衡的，因为均衡能够演变，“纳什均衡”只是一种理想状态。不过太过于有理性也不见得有多大意思，就像“纳什均衡”的提出者约翰·纳什在精神分裂病好后说的话：“回归成为一个理性人的快乐，跟身体有病然后康复获得的快乐，还是不能比的。”

8. 让用户在直播间长时间停留

用户在直播间停留时间越长，越有可能产生消费。于是，主播通过发红包、给礼物、送赠品等许多办法，让用户留在直播间。

（1）唱双簧、假秒单，都是套路

为了让用户留在直播间里，主播们使尽了浑身解数，直播过程满满的都是戏。比如，在直播中扮演“亏到跳楼”的角色，就不是一般人能做的，其演绎的这种“亏”可以让用户真正感觉到主播在亏本销售。在直播过程中，主播格外擅长特别的人设，甚至卖惨，让用户感觉主播确实赔钱了。例如，主播会假装说漏嘴，把商品的低价说了出来。再比如，一些主播承诺对所有用户进行快递送福利，等看到用户数量增加到一定数量时，又假装人太多，说突然发现礼品库存不够。然后主播的朋友跑出来说，吹牛吹大了吧？想割肉了吧？想赔钱了吧？让你净说大话，看看你怎么跟用户解释！这时，许多忠实的用户的同情心被激起来了，于是下单购买。到了最后，主播又引导用户付费加入一些组或群等，并说只有加入某组或某群的用户才能给快递寄送福利。

还有的主播采取虚假秒单的套路。比如在引导用户下单的时候，主播会喊着说，家人们、宝贝们，3、2、1，开始秒！一些比较油滑的主播还会故意在秒单的时候放出特别少的库存，几分钟就被用户抢光。然后接着问用户“秒”到了没，没“秒”到的扣 1，于是评论区的不少用户就开始扣 1。等到气氛到了一定程度之后，主播会根据评论区用户的反应，开始实施更多的秒杀链接。除此之外，他们还会配合“限量”的高级玩法，比如先说一个限量的理由是“工厂加工不过来，原材料有限，短时间内没货”等，然后连连摆手阻止用户说，别再拍了，再拍真没有了，宝宝们我只等5秒钟，我数5个数后立马下架。结果主播讲了5分钟后，货还是没有秒完。

（2）玩套路、耍手段，提升不了竞争力

主播如果无底线无下限地靠“亏到跳楼”，播“秒单”来“挽留”用户，这样的套路叫人怀疑。当然套路不止这些，还有将普通的产品价格标到虚高、扬长避短只说产品好的方面，等等。不过，凡是靠玩套路、耍手段的主播，根本不可能提高竞争力！

主播想赚钱无可厚非，因为谁都不想做无用功。但是，正所谓“君子爱财，取之有道”，赚钱要走正道，既然播了“低价”“优质”“免费”，就该老老实实说到做到，靠人气和真本事赚钱，不要耍手段，不要玩套路。否则，主播就完了，平台就完了，这个行业也就完了！

我们常说“人气”，人气究竟从哪里来？事实上，人气从根本上说不是来自用户，而是来自主播自己。主播自己先有“人”气，才能带来用户方面的人气。主播的人气是做人之气，经营之气，是主播个人的综合素质，经营的良心产品。那些自律意识强的主播，时刻注重打造自己的IP价值，并以内容的形式输出这个价值，由此聚集了很高的用户人气，最终成就了一番事业。如果无良主播能够以这样的优秀主播为榜样，端正态度、改变经营方式，就能在这条路上继续走下去！

参考文献

［1］［苏］斯坦尼斯拉夫斯基著．刘杰译．演员的自我修养［M］．武汉：华中科技大学出版社，2015．

［2］［美］罗伯特·西奥迪尼著．陈叙译．影响力［M］．北京：中国人民大学出版社，2006．

［3］［美］史蒂芬·柯维著．刘白玉，刘夏青译．信任的速度：一个可以改变一切的力量［M］．北京：中国青年出版社，2013．

［4］中国互联网络信息中心（CNNIC）．第45次中国互联网络发展状况统计报告［R］．2020-4-28．

［5］艾漫数据和新浪微博．新浪微博2019年明星白皮书［R］．2019-12-26．